KB050145

The Lizard In Your Head:
Psychology In Pictures

내 머릿속

그림 한 장에
담긴 자기
치유 심리학

길들이기

단 카츠 지음
이본 스벤손 그림
허형은 옮김

책세상

차례

3장

방법이 안 먹힐 때 쓰는 방법이 있다
－무작정 열심히 하는 뇌 길들이는 그림

4장

생각의 함정에 빠진 당신을 구하라
– 쉽게 상처받는 소심한 뇌 길들이는 그림

5장

제대로 사랑하고, 사랑받고 싶다면
–나만 사랑하는 뇌 길들이는 그림

6장

뇌는 단순하고, 인생은 복잡하다
-한 치 앞만 보는 뇌 길들이는 그림

'내 머릿속 도마뱀'은 우리 두뇌 가장 안쪽에,
편도체가 내장된 '도마뱀 뇌'라고 불리는
원초적인 기관을 상징하는 말이다.

일러두기

1. 이 책은 《Ödlan I Huvudet》를 영어로 번역한 《The Lizard In Your Head》를 우리말로 옮긴 것이다.

2. 본문의 주석은 미주로, 옮긴이의 주석은 ( )안에 '-옮긴이주'라고 명기했다.

들어가는 말

~

은유의 바다에서 헤엄치는 물고기같이

심리학 학술대회에서 마주친 동료에게 일러스트를 곁들인 은유에 관한 책을 쓰고 있다고 하자, 그는 이런 반응을 보였다. "은유라고? 난 너무 현실에 발붙이고 사는 사람이라 그런 건 별로 안 와닿던데!"

그렇다. 은유는 일상에서 주고받는 대화에 너무나 은근히 스며들어 있어서, 내 동료는 자신이 방금 은유법을 쓰지 않는다는 말을 하기 위해 은유 표현('현실에 발붙이다')을 사용한 것을 미처 깨닫지 못했다. 이 상황

을 또 다른 은유로 표현해볼까? '물고기는 자기가 물속에 있는 줄 모른다!'

은유는 일상 어디에나 스며 있으며 우리는 보통 그것을 알아채지 못한다. 식탁의 "다리"가 네 개이고 테니스 선수가 커리어의 "정점"에 서 있고 가수가 "꾀꼬리"처럼 노래한다는 표현이 전부 은유다. 언어학자들은 인간의 발화가—더불어 인간의 사고 역시—대개 은유에 기반한다는 데 동의한다.

스톡홀름 대학교와 카롤린스카 연구소에서 20년 넘게 인지행동치료 Cognitive Behavior Therapy, CBT 임상시험과 강의를 해오면서 한 가지 신념을 굳혔다. 좋은 상담사란 뛰어난 교사이기도 해야 한다는 것이다. 상담심리치료가 성공한 사례를 살펴보면 대부분 내담자 교육도 함께 이루어졌음을 명백히 알 수 있다. 상담심리사(국내에서 대학 및 대학원의 상담교육과정을 마치고 일정 수준 이상의 수련과정을 거친 전문가를 '상담심리사'로 칭하는 현실을 반영하여, 'psychotherapist'의 역어를 그에 따르기로 한다.- 옮긴이주)는 모름지기 우리가 어째서 특정한 방식으로 행동하고 어째서 불안과 우울의 공격을 받으며, 또 그에 따른 변화가 어떻게 자신과 주변 사람들, 나아가 삶 전체를 보는 방식을 바꾸어가는지를, 믿을만한 연구결과를 근거로 누구나 알아듣기 쉽게 설명할 수 있어야 한다.

상담심리사들이 꾸준히 은유를 사용해온 것도 아마 이 때문일 것이다. 잘 알려진 비유 표현을 분석해보면 그 표현이 막 생겨났을 당시의 전형적인 현상에서 영향을 받았음을 금방 눈치챌 수 있다. 예를 들어 백여 년 전 사람들이 막 전기를 사용하기 시작했을 때 프로이트Freud는 인간의 정신을 "에너지"나 "전류"라는 용어를 사용해 묘사했다. 오늘날에는 생각을 "처리하"거나 "저장한다"는 표현을 자주 쓰는데, 이는 누가 봐도 컴퓨터 혁명에서 생겨난 비유다. 우리에게는 이미 알고 있는 것에 비추어 자기 자신을 이해하려는 성질이 있기 때문이다.

'일러스트로 표현한 은유', 참 좋은데…

이 책은 글 외에 또 하나의 차원을 추가했다. 바로, 그림이다. 적재적소에 배치한 그림이 메시지를 전달하는 도구로서 얼마나 강력한지는 말 안 해도 알 것이다. 이미 일러스트는 교육을 목적으로 한 여러 분야의 교재에 사용되고 있다. 오히려 모든 심리치료에서 사용되고 있지 않은 점이 미스터리다.

'일러스트로 표현한 은유'에 처음 관심을 두게 된 건 첫 번째 인턴십을 밟는 과정에서였다. 치료에 간단한 그림 자료를 동원했더니 내담자의 행동 변화에 획기적인 진전이 일어나는 것을 몇 차례 목격한 것이다. 나는 인간이 스트레스에 어떻게 반응하는지 설명하기 위해 사바나에서 사자를 마주쳐 겁에 질린 얼룩말 무리를 직접 그려서 보여주었다. 또 다이빙대에 서서 뛰어들기 "딱 좋은" 순간을 기다리는 사람의 그림도 여러 번 사용했다(여기서 잠깐, "딱 좋은" 순간은 영영 안 올 수도 있으니 아무 때나 뛰는 게 상책이다).

그러다 보니 어느새 적절한 은유적 메시지를 전달하는 그림이나 사진 자료를 방대한 수준으로 축적하게 되었고, 그 자료를 직접 서툴게 그린 그림과 함께 치료에 사용했다. 2003년에는 스웨덴에서 규모가 가장 큰 인지행동치료협회 회원들에게 발행되는 학술지 《베테엔터테라페우튼*Beteendeterapeuten*》에 〈일러스트로 표현한 은유〉를 주제로 논문을 발표하기도 했다. 거기 실린 이미지 중 하나가 "겁 많은 다이빙 선수" 그림이고, 이 그림은 이후 CBT 전문가들 사이에서 꽤 유명해졌다. 몇 년 뒤에는 다른 학계에까지 퍼져서 다양한 분야의 '인생 상담사^{life coach}'들도 사용하게 되었다. 자랑처럼 들릴지도 모르겠지만, 이 이미지는 내 동료가 저술한 아동과 공포에 관한 책의 표지까지 장식하기에 이르렀다.

최신 심리치료와 은유의 연결고리

일러스트를 사용한 심리치료에 대한 흥미가 점화된 바로 그 무렵, 스웨덴에는 새로운 형태의 행동치료법이 도입되었다. 바로 수용전념치료Acceptance and Commitment Therapy, ACT인데, 이 새로운 치료법에서 두드러진 점은 은유가 사용된다는 것이다. 실제로 최근 심리치료사들 사이에서 다양하게 변형된 은유 문장과 삽화가 사용되고 있다. 이와 관련하여 인간이 은유 표현을 어떻게 인지하고 그에 반응하는가를 분석하는 연구가 진행된 적이 있긴 하지만, 특정한 은유 표현이 치료의 질을 어떻게 개선하는지 심층 탐구한 연구는 아직 이루어진 적이 없다.

수용전념치료와 은유의 또 다른 연결고리는 일러스트로 표현한 은유, 즉 그림이 음성언어를 거치지 않고 소통의 수단으로 사용될 때 특히 효과적이라는 점이다. 말로 하는 설명보다 그림 한 장을 보는 것이 그 일을 실제로 경험하는 것과 더 근접한 효과를 준다.

수용전념치료가 이론적 기반으로 삼는 원칙 중 하나가, 내담자가 직접 경험한 내용에서 자기 자신 그리고 자신을 둘러싼 세계에 대한 결론을 도출하도록 장려하는 것이다. 이 이론에 따르면 인간이 겪는 고통 중 가장 큰 부분을 차지하는 것은 음성언어로 이루어지는 과도한 반추에서 발생한다고 한다. 그래서 불안증을 겪는 이들에게 지나치게 깊이 생각에 잠기는 일이 치명적이라고 진단한다.

이 책을 왜 썼느냐고 물으신다면

첫째, 심리학에 관한 유용한 지식을 새롭고 재미난 방식으로 전달하고자 한다. 서점이나 도서관에 가면 일반 대중을 타깃으로 쓴 심리학 서적이 넘쳐난다. 이런 책들은 보통 두 부류로 나뉜다.

» **첫 번째 부류** 이런저런 정신개조 수법을 동원하거나

아니면 정체 모를 '내면의 힘'이라는 것을 소환해 하루아침에 삶의 방식을 바꾸는 법을 알려주겠다고 유혹하는, 기합만 잔뜩 들어간 책이다. 이 부류는 열에 아홉 상담심리사로 일해본 경력이 짧거나 혹은 전혀 없는 사람이, 본인이 개인적 위기를 극복한 후 그때 썼던 방법을 모든 문제 상황에 써먹을 수 있는 "만병통치약"으로 팔아먹는 책들이다. 이들은 언뜻 과학적 원칙에 기반을 두고 이론을 펼치는 듯한 인상을 주지만, 대개는 통속심리학에 만연한 잘못된 정보들을 주워섬기고 있다. 이런 책의 저자가 제시하는 방법 중에는 효과가 별로 없거나 심지어 잠재적으로 해로운 것도 많다. 현대판 사이비 교주나 다름없는 저자들이다.

» **두 번째 부류** 다른 사람들이 더 나은 삶을 살도록 돕고자 심도 있는 연구를 진행한 상담심리사 등의 전문가들이 썼지만, 안타깝게도 내용이 딱딱하고 아

무런 감흥도 주지 못하는 부류다. 이런 책들이 전달하는 정보는 대개 정확하지만, 읽는 재미는 없다. 자신의 심리를 알아가는 즐거움이나 가슴에 와닿는 깨달음을 얻고자 집어 들만한 책은 아니다.

말인즉슨, 심리학 분야에서 도움이 될 만한 정보를 찾는 일반 대중은 한 가지 딜레마에 직면한다는 얘기다. 인기 있는 책들은 대개 못 미덥고, 어떤 경우 독자에게 해롭기까지 하다. 비교적 과학적인 책들은 보통 펼쳐놓고 읽다가 잠이 들 정도로 지루하고 재미없다. 나는 이런 양극단 사이에서 균형점을 찾겠다는 야심을 품고 이 책을 썼다. 인간의 행동에 관한 과학적 연구결과를 직설적이면서도 재미있게 전달하고 싶었다. 그렇게 하려면 방법은 하나뿐이었다. 바로, 짧은 글과 단순명쾌한 일러스트의 조합이다.

　이 책에는 살면서 한 번은 부딪히는 문제들을 묘사한 (대개는 은유적인) 그림이 32점 실려 있다. 개중에는 임상연구를 해오면서 직접 발굴해낸 그림도 있고, 오래전부터 심리학자와 상담심리사들이 말이나 글로 사용해온 은유를 그림으로 표현한 것도 더러 있다. 다만 내 그림 솜씨가 상을 받을 수준은 아니라서, 유명 일러스트레이터 이본 스벤손Yvonne Svensson과 협업했다. 스벤손은 내 초안을 특유의 개성 강한 예술작품으로 재탄생시켜주었다.

이 책을 재미있게 읽는 두 가지 방법

독자가 어떤 배경을 가지고 있건 두루 쉽게 읽을 수 있도록, 말하고자 하는 바를 되도록 명료히 표현하는 데 신경을 썼다. 이 책이 독자들의 거실 커피 테이블에, 아니면 미용실 선반에 누구나 펼쳐볼 수 있게 아무렇게나 널려 있는 모습을 상상해본다. 가벼운 마음으로 책을 집어 든 독자라면 아무 페이지나 펼쳐도 3분 안에 자신의 삶을 새로운 관점으로 보게 될 것이다. 이 경우 한자리에서 이 책을 처음부터 끝까지 완독할 필요는 없다. 그림 한 장과 거기에 곁들인 글 한 꼭지만 읽어도 충분하다.

결코 덜 중요하다 할 수 없는 또 다른 방식의 읽기가 있다. 상담심리사들이 내가 현대 상담기법에서 가장 강력한 치유의 힘을 갖는다고 믿는 도구인 '일러스트로 표현한 은유'를 자유자재로 사용할 수 있도록 친절히 돕는 것이다.

스톡홀름에서
공인 상담심리사이자 공인 심리치료사
단 카츠

당신 뇌 속에
도마뱀이 산다

-심리상담실에서 만난 그림

이 모든 일의 시작은
도마뱀이었다

~~~

"도… 도마뱀이다!"

그날 나는 공중보건의 정수를 이보다 더 잘 표현할 수
있나 싶게 무미건조한 실내장식으로 꾸며진 대기실에
서 한 중년 여성과 마주 앉아 있었다. 그 여성은 미심
쩍은 눈빛으로 나를 빤히 바라보았다. 그 눈빛에 나는
슬슬 스트레스를 받기 시작한 참이었다.

　대학에서 상담심리사 교육과정을 갓 이수한 나는
어느 촌구석에서 정신과 인턴십 과정을 밟는 중이었
고, 위의 여성은 내가 처음으로 맡은 환자 중 한 명이

었다. 상담 대기자 명단에 이름을 올린 채 무려 1년을 하염없이 기다려온 그녀는 드디어 자신의 삶을 안정시켜줄 구원자를 만났다는 기대감에 부풀어 병원에 찾아왔을 것이다.

3년 전, 이 여성은 태어나서부터 줄곧 살아온 지극히 평범한 스웨덴의 작은 마을에서 외곽으로 24킬로미터 정도 떨어져 있는 작은 공장에서 일하고 있었다. 별다른 걱정거리 없는 평탄한 삶이었다. 공장 일로 그럭저럭 수입이 들어왔고 그 돈으로 일 년에 몇 번쯤은 자녀들에게 기분 좋은 깜짝 선물도 할 수 있었다. 예를 들면 주말에 스톡홀름에 데려가 연극을 보여준다든가 크리스마스 때 동네 호텔 레스토랑에서 근사한 저녁을 사주는 정도는 무리 없이 즐길 수 있었다.

아무리 힘든 일이 있어도 한 줄기 희망은 늘 그 가운데 존재하는, 비교적 안정된 삶이었다. 그런데 그해 겨울 어느 날 모든 것이 달라졌다.*

그즈음 안 그래도 문이 꼭 닫힌 방에 들어가 있으면

늘 마음이 불편했다. 버스로 24킬로미터 이동하는 출근길에도 마음이 갑갑해질 때가 종종 있었다. 가뜩이나 버스 안 공기가 텁텁한데 겨울철에 습기를 머금어 묵직해진 모직 옷을 입고 있으면 어디에 갇힌 기분이 들어 정신이 혼미해졌다. 잠도 설치고 일어난 어느 날 아침, 그녀는 평소의 살짝 답답한 정도 이상의 느낌을 경험했다. 처음에는 아무리 애를 써도 폐에 산소가 충분히 안 들어오는 느낌이 들었다. 설상가상으로 어지럼증도 점점 심해졌다. '이러다 기절하는 거 아냐?'와 '내가 미쳐가는 걸까?' 하는 생각이 번갈아들면서 둘 중 어느 쪽이든 진짜로 그렇게 될까 봐 더럭 겁이 났다. 버스가 다른 승객을 태우려고 허허벌판에 정차했을 때 그녀는 공황 상태에서 허겁지겁 버스에서 내렸고, 친구에게 연락해 자기를 집 근처 보건센터에 데려다 달라고 했다. 그렇게 보건센터에 도착했을 때쯤 심한 불편감은 가라앉았고, 담당의는 스트레스를 더 받지 않게 너무 무리하지 말라는 당부만 하고 그녀를 집으로 돌려보냈다.

하지만 이 일이 있고 나서 불편감은 점차 심해졌다. 갇혀 있는 느낌이 들거나 속수무책인 기분이 들 때마다 점점 더 격하게 초조해졌다. 폐쇄된 공간에 갇히거나 자신이 상황을 통제할 수 없다는 생각이 들면 곧바로 강도 높은 공황 반응이 뒤따랐다.

그렇게 운신의 폭도 급격히 좁아졌다. 그 불쾌했던 버스 사건 이후 그녀는 직접 차를 몰아 출퇴근하기 시작했다. 하지만 이내 차를 몰고 이동하는 것도 버스를 타는 것만큼 신경이 곤두서는 일이 되었다. '운전하다가 통제력을 잃으면 어쩌지?' 이런 걱정에 사로잡힌 채 몇 달이 흘렀고, 급기야 그녀에게 이동 수단은 걷기만 남기에 이르렀다. 버스에 타거나 승용차 운전석에 앉을 때마다 현실이 왜곡되어 인지되면서 숨이 가빠왔기 때문이다.

그녀는 출근을 못 하는 것은 물론 걸어서 이동하기 힘든 거리에 사는 친구의 집에 놀러 갈 수도 없었다.

다른 도시로 이동하는 건 꿈도 못 꿨다. 재정 상태는 말도 못 하게 심각해졌고, 개인 생활이라 할 만한 것도 거의 남지 않게 되었다. 그녀에게서 신체상 문제를 발견하지 못한 보건센터 담당의는 상담치료를 권했다.

한마디로 그녀는 불안과 관련한 가장 흔한 병증인 공황 증후군에 걸린 사례였다.

만약 그녀가 20년 전에, 이 문제를 가지고 도움을 구했다면 그녀를 괴롭히는 문제들은 거의 치료가 불가능한 것으로 취급되었을 테고, 중독성 강하고 정신을 멍하게 마비시키는 약물치료만 받았을 것이다.

하지만 2000년대 초에 과학적으로 효과가 입증된 다양한 정신과적 치료요법이 보건시스템 안에 정착되었다. 그 무렵 내가 훈련받은 인지행동치료 역시 공황 증후군 치료에 효과가 꽤 좋은 것으로 입증된 치료요법이다. 불행히도 당시에는 상담심리사 중 이 새로운 요법을 훈련받은 사람이 극히 드물었다. 내 환자는 치료를 받기 위해 오래 기다리긴 했지만, 기다리던 중에

이 전도유망한 새 치료법에 대한 소문을 들은 터라 지푸라기라도 잡는 심정이었을 것이다.**

공황 증후군은 매우 강도 높은 불안 증상을 수반한다. 바로, 공황 발작이다. 공황 발작이 일어날 때 가장 흔한 걱정거리는 당장 기절할 것 같거나 호흡이 멎을 것 같은 느낌, 혹은 통제력을 완전히 잃을 것 같은 느낌이다. 공황 발작을 겪는 사람은 대부분 심장발작이나 뇌졸중 아니면 급작스럽게 정신착란이 덮친 듯한 기분을 느낀다. 사실 공황 발작은 전적으로 무해하다. 실제로는 주로 스트레스와 관계된 신체적 감각―이를테면 숨 가쁨이나 흉부 통증 혹은 일종의 현기증 증상―을 환자가 위험한 것으로 오인하는 것뿐이다. 이런 감각들이 걱정을 불러일으켜 스트레스 반응이 배가되고, 이는 다시 증상을 악화시키는 연쇄작용을 낳는다. 이런 경험을 몇 번 하고 나면, 뇌는 앞으로 닥칠 발작의 징조를 극도로 경계하게 된다. 이 경계 작용으로 인해 많은 이들이 평소에 멀쩡히 수행하던 여러 활동을 제한당하면서 일상생활에서 불편함과 괴로움을 겪게 된다.

오래전부터 상담심리사들은 공황 발작이 무의식에서 오는 정체불명의 신호에서 비롯된 게 아닐까 의심해왔다. 이를테면 유아기 초기의 경험에서 발생한 해소되지 않은 트라우마와 같은 갈등이 원인이리라는 것이다. 그래서 이 갈등을 표면으로 끄집어내려고 몇 년을 정신분석 치료에 바치는 환자도 허다하다. 안타깝게도 그런 치료법으로는 공황 발작 증상을 없애지 못한다. 당시 성행했던 상담치료를 받았으나 별 효과를 보지 못한 한 환자는 씁쓸하게 한마디했다. "여차하면 불행한 어린 시절이 원인이라고 하면 되니까요."

다행히 공황 발작에 대한 심도 있는 연구가 진행되면서 더 나은 치료법이 개발되었다. 덕분에 환자들은 공포심을 유발하는 스트레스 신호의 발생 메커니즘을 충분히 이해하고 나아가 그동안 불안 반응 때문에 회피해온 상황들을 직시할 수 있게 되었다. 새 치료법은 꽤 단순했다. 환자가 불안 반응에 자발적으로 노출될 의향만 있다면 스스로 얼마든지 증상을 억제할 수 있다는 것을 언젠가는 깨닫게 된다는 것이었다. 이제는 현기증이 난다고 곧 기절하거나 미치는 게 아님을 알았고, 숨이 가쁘다고 당장 질식하는 게 아니라는 것도 알게 되었다. 하지만 한 가지 걸림돌이 있었다. 불안 반응을 이끌어내는 것이 환자에게 그다지 유쾌한 경험이 아니라는 것이었다. 그리고 알다시피 불쾌함은 우리가 썩 마주하기 좋아하는 감정이 아니다.

그러니 상담심리사의 관점에서 넘어야 할 산은 환자가 치료법의 원리를 이해할 수 있게 하는 것이 아니었다. 가장 큰 장애물은 환자에게 동기를 부여해 자신이 아주 오랫동안 치명적으로 위험하다고 간주해온 상황들을 일부러 마주하도록 유도하는 것이었다. 환자가 불쾌한 상황을 마주하게 하려면 그래야만 하는 이유를 설득시켜야 했는데, 증상이 나아질 거라고 진지하게 약속하는 정도로는 부족했다. 환자가 그 이유를 단번에 이해할 수 있도록 쉽게 설명해줘야 했다.

인지행동치료 교육과정에서 인턴들은 다양한 치료법들의 "이론적 근거"를 배운다. 여기서 "이론적 근거"란 환자에게 문제를 어떤 각도에서 봐야 하는지, 애초에 그 문제가 어떻게 발생했는지, 또 어떻게 환자의 삶에 고착되었는지, 그리고 무엇보다 어째서 해당 치료가 특정 방식으로 이루어져야 하는지를 이해시킬 설명적 근거가 된다. 그러나 이 근거는 사실에 기반을 둔 설명이기에 내용은 정확할지 모르나 안타깝게도 별로 교육적이지는 않았다. 용어 번역에 심각한 오류도 많았을 뿐더러 이 근거를 학술적으로 풀어낸 자료의 저자가 특정 분야에서 괄목할 연구 업적을 쌓았다고 해도 실제 환자를 직접 대면하고 치료한 경험은 많지 않았던 교수인 경우도 많았다. 한마디로 내가 대학에서 배운 이론들은 실질적 쓸모가 없었다.

아무튼 그날 나는 내 첫 환자를 마주하고 앉았다. 그녀가 공황 발작에 효과적으로 대처하는 법을 익히도록 하려면 무엇을 어떻게 해야 할지 나는 정확히 알고 있었다. 앞으로 몇 주간 우리는 그녀가 그동안 도저히 견딜 수 없을 것 같아서 회피해온 바로 그 일을 해야 했다. 과호흡을 경험하고, 사람이 꽉 찬 엘리베이터에 타고, 스웨덴 교외를 가로지르는 버스 여행을 해야 했다. 유일한 걸림돌은 왜 그렇게 해야 하는지 환자에게 이해시키는 것이었다. 교육과정에서 필독서로 읽은 두꺼운 교재들에 따르면 우리 뇌의 가장 안쪽에 자리한, '파충류 뇌'라는 별칭으로 불리는 가장 원초적인 기관에는 공포 감지기(편도체)가 내장되어 있다. 이 감지기는 웬만하면 우리가 눈치채지 못하고 지나가는 현상들, 예를 들면 살짝 가빠진 호흡이라든가 만원 버스 혹은 만원 엘리베이터에 자동으로 강도 높게 반응하도록 학습되어 있다.

　나는 오래전에 공부한 이 기초이론과 뇌 기능을 환자에게 떠듬떠듬 설명해주었다. 환자의 반응은 시큰둥했다. 추측건대 그녀는 상담만으로 불안 증상이 없어지기를 기대했던 것 같다. 자신이 가장 두려워하는 일들을 실행하는 것, 그러면서 의도적으로 불안을 유발하는 것은 그녀가 기대한 치료법과 거리가 멀어도 한참 멀었다.

내가 복잡한 뇌 기능을 따발총처럼 빠르게 늘어놓은 것, 라틴어와 그리스어 학명을 줄줄 읊어댄 것도 큰 도움은 안 되었을 것이다.

그러다 퍼뜩 아이디어가 떠올랐다. 어디서 영감을 받았는지는 나도 모르겠다. 어렸을 때 문법책이나 수학책보다 만화책 읽느라 훨씬 많은 시간을 보낸 덕을 마침내 본 것인지도 모른다. 나는 파충류 뇌나 편도체에 대한 설명을 멈추고, 흰 종이에 인간의 머리통을 그리기 시작했다. 그리고 그 머리통 안에 조그만 도마뱀을 그려넣었는데, 워낙 미술적 재능이 없어서 아주 못 봐주게 생긴 도마뱀이 탄생했다.

나는 그 찌그러진 도마뱀을 가리키며 말했다.

"우리가 느끼는 공포는 파충류 뇌라고 하는 요 기관

이 좌우하는데요, 이놈 지능이 딱 도마뱀 수준이에요. 그러니까 우리가 겁에 질리는 순간은 이 멍청한 도마뱀 녀석이 우리 뇌를 장악한 거라고 보시면 돼요. 이 녀석은 겁을 잔뜩 먹어서 상황이 어떻게 돌아가는지 전혀 이해 못 해요. 아무리 영리한 사람도 다 똑같아요. 왜냐면 누구든 일단 겁에 질렸다 하면 아이큐가 한 자리인 도마뱀의 통제를 받거든요. 과연 도마뱀한테 상황을 이해시키는 게 가능할까요?"

환자가 고개를 저었다.

"못 하지요, 맞습니다." 나는 설명을 이어갔다. "사고 수준이 지극히 단순한 짐승과 대화하는 건 불가능하잖아요. 그 짐승은 겁낼 이유가 전혀 없다는 걸 자기가 직접 경험해봐야만 알아요. 바로 그렇기 때문에 우리도 직접 버스를 타고 멀리 가봐야 하고, 엘리베이터를 타고 이 건물 꼭대기 층까지 올라가봐야 하는 겁니다. 그래야만 환자분 머릿속의 도마뱀 녀석이 상황을 있는 그대로 파악할 수 있으니까요."

그러자 환자의 표정이 갑자기 밝아졌다. "그럼 제가 이상한 게 아니라는 거죠? 도마뱀이 뇌를 장악해서 그런 거니까요! 그럼 이제 그 도마뱀만 재교육하면 되는 거예요?"

　그 말에 안도감이 밀려왔다. "예, 바로 그거예요!"

　한 주가 지나자 치료는 녹슨 바퀴에 기름칠한 듯 순조롭게 굴러갔다. 먼저 우리는 병원 건물 엘리베이터를 타고 오르락내리락하면서 엘리베이터 공포증을 직시하는 방법으로, 환자가 (혹은 그녀의 멍청한 도마뱀이) 그 정도 수준은 거뜬히 감당할 수 있음을 확인했다. 다음에는 버스를 타고 그녀가 사는 지역을 돌아다니는 일에 도전했다. 간간이 환자가 공포에 질리는 순간이 있었지만, 그럴 때마다 그녀는 냉정한 말투로 지금 도마뱀 녀석이 겁을 집어먹은 모양이라고 중얼거리고는 도전을 멈추지 않았다. 그렇게 10주를 보낸 후 우리는 치료를 종료했다. 치료에서 달성하고자 했던 목표를 전부 이룬 뒤였다.

마지막 상담 때 나는 스톡홀름에 있는 유명한 완구점인 부터릭스Buttericks에서 사 온 고무도마뱀 인형을 그녀에게 선물했다. 그녀는 그 도마뱀을 쓰다듬으면서 내게 말로 다 표현할 수 없을 정도로 고맙다고 했다. 하지만 아마 그 방에서 가장 행복한 사람은 나였을 것이다. 첫 상담치료를 성공적으로 마쳤고 그 과정에서 한 사람에게 도움을 줬을 뿐 아니라 교재에도 없는 새로운 것을 하나 배웠기 때문이다. 바로 그림과 은유를 사용하는 치료법이다.

몇 달 뒤 그녀가 예테보리의 한 놀이공원에서 기념 엽서를 보내왔다. 롤러코스터 사진이 담긴 엽서의 뒷면에는 이렇게 쓰여 있었다.

"우리 모두 여기 와 있어요. 저하고 도마뱀 그리고 우리 아이들요. 가끔 도마뱀 녀석이 비명을 지르지만, 그러든 말든 내버려 둔답니다. 그럼, 잘 지내요."

～～～～

* 위의 에피소드에 등장한 환자는 허구의 인물이다. 공인상담심리사인 나는 당사자의 동의 없이 환자들 이야기를 할 수 없다. 그래서 대신 스웨덴의 어느 작은 마을에서 인턴으로 일했던 당시에 만난 여러 환자의 특징을 조합해 허구의 환자를 만들어냈다. 하지만 죽을 때까지 잊지 못할 진짜 환자가 한 명 있다. 내가 처음으로 그림을 그려 도움을 주었던 분이다. 그분이 이 책을 읽고 있다면, 꼭 한마디 전하고 싶다. "고맙습니다!"

** 인지행동치료는 엄밀히 말해 그리 새로운 치료법은 아니었다. 내가 환자에게 권한 치료요법은 그 당시 이미 약 15년째 시행되어왔고, 그와 유사한 치료법들도 이르게는 1960년대 초부터 시행되고 있었다. 그러나 1990년대 말에 가서야 정신의학 치료도 다른 의학 분야들과 똑같이 과학적 기준을 잣대로 평가되기 시작했다. 그전에도 상담심리사들은 다양한 치료법으로 자신이 할 수 있는 선에서 최선을 다했지만, 불행히도 치료 결과는 편차가 심했다.

이미지가 된 은유가 주는
'효과 빠른' 치유의 힘

~~~

은유는 어디에나 있다

은유나 비유는—둘 다 어떤 대상을 다른 것에서 끌어 온 한정사determinants로 설명하는 수사법인데—인간이 자신을 표현하고 자신이 사는 세계를 이해하는 데 근본적인 바탕이 된다.

그런데 은유 표현 중에는 너무 빤한 게 많아서 대개는 그 의미를 깊이 생각하지 않고 넘어간다. 이를테면 테이블이 네 "다리"로 "서 있다"고 말하면서도 자신이 테이블을 마치 사지를 움직일 수 있는 생물인 양 묘사하고 있다는 걸 눈치채지 못하는 식이다. 사교적인 자리에 잘 어울리지 못하는 사람을 가리켜 "나무토막"처럼 "뻣뻣하다"고 할 때도 우리는 그 사람을 유연성이 없고 지나치게 딱딱한 물체에 비유하고 있음을 의식하지 못한다.

색깔은 최초에 어떻게 각각 이름을 얻게 되었을까? 아마 "빨강^{red}"의 어원은 이 색을 띤 주변 물체의 이름이었을 가능성이 농후하다. 프랑스어 "루즈^{rouge}"(빨간) 아니면 "로즈^{rose}"(장미꽃) 중에 뭐가 먼저였는지는 여기서 따지지 않기로 하자. 하지만 전후 관계는 차치하더라도, 관통하는 원칙은 은유에 기대고 있다.

우리 일상에서 새로운 현상이 대두되면 그 현상에는 대개 외양이나 기능 면에서 그것과 유사한 것에서 따온 이름이 붙는다. 이를테면 인터넷^{Internet}은 망^{net}에 비유한 이름이다. 이 망을 이용해 메시지를 보내는 것을 전자우편$^{e-mail}$이라 부른다. 컴퓨터가 제대로 작동하지 않을 때는 컴퓨터가 "다운되었다"고 말한다.

과학 이론에도 은유는 단골로 등장한다. 지난 세기 초 어니스트 러더퍼드 Ernest Rutherford(영국의 물리학자, 1937년 출생-옮긴이주)는 원자의 구조를 설명하면서 그 것을 아주 조그만 태양계에 비유했는데, 원자의 핵을 태양으로 그리고 전자는 그 주위를 공전하는 조그만 행성으로 표현했다. 현대 양자물리학은 이 해설 모델 에 심각한 결함이 있다고 지적하지만, 이 모델은 원자 의 작용에서 이루어지는 기본 원리를 이해하는 데 큰 도움을 준다.

이 책의 도입부에서도 언급했듯이 은유 표현은 해 당 표현이 생성된 시대의 특성에 따라 주물된다. 프로 이트는 전기가 막 상용화된 1800년대에 자랐기에 인 간의 정신세계를 설명할 때, 인체 내부기관 사이에서 오가는 물질의 작용을 흐르는 전류에 빗대었다. 컴퓨 터가 사회의 필수 요소로 자리 잡은 1960년대에는 인 간의 두뇌를 정보를 받아서 처리하는 컴퓨터에 빗대 어 이야기하는 일이 흔했다. 이렇듯 우리는 우리가 사

는 복잡한 세상을 이미 익숙한 것에서 유사점을 찾아
내어 이해하려고 한다는 얘기다.

은유와 그 밖의 비유법

엄밀히 말해 은유를 다른 비유법과 동일 선상에 두는
분류에는 오류가 있다. 실제로는 각각의 비유법을 설
명하는 더 정확한 용어가 있다. 비유는 은유와 유추,
직유 그리고 전형model 이렇게 네 가지로 나뉜다. 이 네
용법의 공통분모는 모두 어떤 두 대상의 유사성을 부
각한다는 것이다.

　은유는 "우리 뇌는 컴퓨터다"라는 문장에서 볼 수
있듯 두 가지 대상을 동일한 것으로 놓고 이야기하는
표현법이다.

　유추는 "뇌는 컴퓨터처럼 작동한다"는 예문에서 볼
수 있듯이 두 가지 비유 대상 간의 차이점이 분명한 상
황에서 유사점을 부각하는 표현법이다.

직유는 특정한 유사점을 강조하는 묘사법이다. 내가 "뇌는 컴퓨터가 그러는 것처럼 과부하가 걸릴 수 있다"고 말하면 직유법을 쓴 것이다.

우리 뇌가 어떻게 작동하는지 이야기해줄 딱 좋은 예로 컴퓨터를 들어 설명하면 그것이 바로 전형이다. "우리 두뇌를 컴퓨터로 보면 이해가 쉬울 것이다."

하지만 일상의 언어에서 은유는 이 모든 비유법을 다 아우르는 용어가 되었다. 이 책에서도 그런 의미로 사용했다.

은유는 타인과 소통하는 데 필수적이다

누구나 다 은유를 쉽게 이해하는 건 아니다. 한 예로 "손을 빌려달라"는 표현을 보자. 보통 사람은 이 말이 문자 그대로를 뜻하지 않음을 대번에 안다. 대부분은 도와달라는 뜻으로 알아들을 것이다.

그러나 자폐범주성장애[ASD]가 있는 사람은 이 표현

을 듣고 어리둥절해 하거나 언짢아할 것이다. "제 손을 떼서 달라고요?"라고 되물을지도 모른다. 누군가 그에게 "손을 빌려달라"고 하면 정말로 그런 장면—손을 몸에서 떼어내 건네는 것—을 떠올릴 것이기 때문이다. 아주 어린 아이들도 이와 비슷한 어려움을 겪어서, 이런 관용 표현이나 비유 표현을 듣고 얼떨떨해하는 일이 많다.

이렇듯 관계를 연관 짓는 능력이 떨어지는 사람들이 새로운 환경에 적응하거나 사물이나 현상을 광의로 해석하는 것 또한 어려워한다는 점은 매우 흥미롭다. 새로운 환경이나 예기치 못한 사건은 엄청난 스트레스를 준다. 어린아이들이 새로운 감각을 한꺼번에 많이 접하는 것을 좋아하지 않는다는 건 잘 알려진 사실이다. 자폐범주성장애가 있는 사람의 경우 뇌가 보통 사람과 다르게 작동해서 그렇다고 설명할 수 있다. 어린이의 경우에는 아직 여러 현상 간의 연관성을 파악할 만큼 충분한 경험을 쌓지 못해서 그럴 수 있다.

새로운 것을 접했을 때 이미 알고 있던 것과 연관 지어 이해하는 능력은 우리가 타인과 소통하며 살아가는 데 필수적이다. 이 역량이 아주 조금만 부족해도 인생이 불편해질 수 있다.

관계의 틀을 파악하는 능력으로서의 은유

지난 세기가 저물어갈 무렵 언어학자들과 심리학자들이 공동 작업으로 몹시 흥미로운 언어학 이론을 발전시켰는데, 이 이론은 은유를 이해하는 새로운 관점을 제시했다. '관계의 틀 이론Relational Frame Theory, RFT'이라는 이 이론은 우리가 다양한 현상이나 대상을 언어를 통해 어떻게 서로 연관시키는지 설명해준다.

이렇듯 서로 다른 현상이나 대상 사이에서 관계의 틀을 이해하는 능력은 인간 고유의 특징으로 보인다. 다른 동물과 비교해 오직 인간만이 발달된 언어구사력을 지녔기에 이런 능력을 갖추게 된 것이다. 다른 동물들은 사물이나 현상 간의 연관성을 경험을 통해서만 받아들일 수 있는 반면—예를 들어 개는 큰 스테이크 덩어리가 작은 스테이크 덩어리보다 분량이 많다는 정도만 이해한다—인간은 더 모호한 개념, 예를 들면 큰 스테이크 덩어리가 작은 스테이크 덩어리보다 건강에 좋지 않다는 사실까지 이해할 수 있다. 언어능력을 갖춘 덕분에 큰 스테이크 조각이 건강에 해로우므로 양껏 먹지 말아야 한다는 정보를 듣거나 읽을 수 있는 것이다.

이런 이유로 인간과 개는 큰 고깃덩이를 앞에 두고 서로 다른 태도를 보인다. 개라면 고기를 최대한 많이 뜯어먹을 것이다. 반면 인간은 위험한 것을 앞에 둔 듯한 반응을 보일 수 있다. 관계의 틀을 파악하는 인간의 이런 능력은 초등교육을 받는 시기에 가서야 충분히 발달한다. 관계의 틀에 대한 이해력은 인간이 복합적인 문명을 발전시킬 수 있었던 핵심적 이유로 간주되기도 한다.

관계의 틀 덕분에 우리는 직접 경험하지 못한 것에 대해서도 어떤 태도를 지닐 수 있을 뿐 아니라 전혀 새로운 결론을 도출할 수도 있다. 밥Bob이 제인Jane보다 몸집이 크고 제인이 조지George보다 크다고 하면, 골똘히 생각해보지 않고도 밥이 조지보다 크다는 것을 우리는 안다. 학자들은 이러한 연역적 사고가 인간 고유의 능력임을 밝혀냈다. 다른 동물들은 이런 식의 논리적 사고가 불가능하다. 이때도 역시 인간만큼 발전된 수준의 언어능력이 없기 때문이다.

한 가지 현상을 다른 현상과 연관 짓는 인간의 고차원적 사고를 이해시켜줄 훌륭한 설명 모델이 아래의 예시에 잘 나와 있다.

대부분 사람은 조금만 생각해보면 다음 표의 각 열에 놓인 단어들을 어떻게 연결해야 말이 되는 문장이 만들어질 수 있는지를 안다. 반면 개들은 그러지 못한다는 데 내 전 재산을 걸겠다!

A(은/는)	B(와/보다/를)	어떻게…
오렌지	우정	다른가?
캥거루	의자	나은가?
축구공	전등	초래하는가?
심리학자	꽃	아버지인가?
컴퓨터	어린이	파트너인가?

표의 왼쪽 A열에서 아무 단어를 골라 제일 오른쪽 열의 연결구 중 하나를 사용해 B열의 한 단어와 연결해보라. 예를 들면 '캥거루는 어떻게 꽃을 초래하는가?'라는 문장을 만들어낼 수 있다. 캥거루 한 마리가 펄쩍펄쩍 뛰는 바람에 땅이 파였는데 그 구멍에 씨앗이 떨어졌고 그 씨앗에서 꽃이 자랐을 수도 있다. 또 이런 문장도 만들어낼 수 있다. 축구공이 어떻게 전등의 아버지인가? 발로 찬 축구공이 전기스위치를 건드려 전등이 켜졌으니까.

언어 덕분에 인간은 직접 경험하지 못한 것을 상상

하고 다른 동물은 이해하지 못할 관계성을 파악하는 놀라운 일을 해낼 수 있다. 이렇듯 인간이 다른 동물과 다른 점은 바로 언어를 사용함으로써 관계적 틀을 형성할 수 있다는 점이다.

관계의 틀 때문에 문제가 발생하는 경우

하나의 대상을 다른 대상과 연관시키는 사고가 그다지 유용하지 않을 때도 있다. 예를 들어 외모에 집착하는 오늘날의 사회에서는 "마른 것이 아름답다"는 상대적인 주관을 주입하고 또 주입당한다. 저체중을 아름다움과 동일시하는 바람에 많은 사람이 굶는 다이어트를 하다가 목숨을 잃는 크나큰 비극도 발생한다. 관계의 틀을 만들어 사고하는 인간 고유의 능력이 치명적 결과를 가져오는 경우다. 개가 자발적으로 살을 빼다가 죽는다는 건 상상할 수 없잖은가.

관계의 틀 이론을 연구하는 자들의 주장에 따르면,

인간이 겪는 고통의 상당 부분이 관계의 틀 모형으로 설명된다. 짐승은 아픈 데 없이 배부르고, 춥지만 않으면 웬만큼 만족한다. 반면 인간은 일차원적 욕구가 충족되어도 여전히 고통을 겪는다. 때로는 다음과 같은 생각에 골똘히 잠겨 괴로워한다.

» 내 인생이 어쩌다 이 꼴이 되었지?
» 나는 실패자인가?
» 20년 전에 그 멍청한 짓을 왜 저질렀을까?
» 5년 내로 암에 걸리게 될까?
» 내가 너무 못생겨서 아내가 나를 떠나면 어쩌지?

개가 난롯가에서 따뜻하게 몸을 덥히며 행복해하는 동안 개 주인은 경우의 수가 무한한 온갖 시나리오를 상상할 능력이 있기에 안락의자에 앉아 차를 홀짝이며 자신을 괴롭힌다. 이는 인간이 언어능력을 가진 대가로 치르는 몫이다. 언어를 사용할 줄 알아서 비행기를 설계하고 휴대전화를 만들 수 있었던 대신 바로 그 언어능력 때문에 무시 못 할 정도의 고통도 감내하며 살아가야 한다.

현대 상담심리 치료에서는 환자가 경험, 그러니까 지금 이 순간 일어나는 일에 더 집중하도록 훈련함으로써 고통을 낮추는 요법도 시도되고 있다. 명상이라든가 좀 더 최신 흐름인 마음챙김mindfulness 수련은 골똘히 생각에 잠기는 습관에서 벗어나 지금 이 순간에 집중하도록 도와주는 한 방법이다. 그러나 대부분은 이를 너무 어려워한다. 생각에 잠기는 건 인간 본연의 성질이다. 효과가 좀 있다 하는 치료법들이 대부분 생각에 잠기기를 멈추고 실제로 행동을 취할 것을 강조하는 것도 그래서다. 어떤 대상에 대한 우리의 태도를 근본적으로 바꾸려면 실제 삶에서 그것을 경험해봐야 하니까. 이를테면 이런 식이다.

» 거미를 극도로 무서워한다면 → 일부러 거미를 찾

아내서 어떻게 되는지 보라!

» 아무도 나를 좋아하지 않는다는 생각이 든다면 →
집에 처박혀 있는 대신 밖에 나가 사람들과 어울려
보라. 혹시 정반대의 결과가 나타날지 누가 아나?

» 아무 일도 하기 싫다면 → 무슨 일이라도 무조건 해
보라. 꺼졌던 열정의 불씨가 되살아날 수도 있다.

관계의 틀 이론에 가장 크게 영향을 받은 치료적 접근
법은 앞서 언급한 수용전념치료^{ACT}다. 이 치료법은 다
양한 훈련을 통해 환자가 자신이 사용하는 언어를 인
지하고, 그럼으로써 자신의 사고가 어떻게 진행되는
지 인지하게 하는 것을 목표로 한다.

"나는 실패자야"라고 입버릇처럼 얘기하는 환자는
"나는 내가 실패자라는 생각을 하고 있어"라고 고쳐
말하는 법을 배운다. 수용전념치료에서는 이런 연습

을 "(인지적) 탈융합^{(cognitive) defusion}"이라고 한다. 환자가 문득 떠오르는 생각을 단순히 인지만 하고 그 생각을 "진실"로 받아들이지 않도록 하는 것이 이 훈련의 목적이다. 생각이 주로 사용하는 언어에 지배받는다는 사실을 염두에 둘 때, 언어로 표현한 생각이 곧 "진실"은 아님을 상기해 버릇하면 우리가 겪는 실존적 고통을 적어도 최소화할 수 있다.

왜 단어보다 그림을 훨씬 잘 기억할까?

기억으로 저장하거나 이해하는 데 그림만큼 효과적인 도구가 없다는 건 누구나 아는 사실이며 이를 뒷받침하는 확고한 연구결과도 있다. 우리가 문자보다 시각적 자료를 훨씬 잘 기억하는 것은 여러 차례 실험으로 증명되었다. 이를 "그림 우월효과"라고 한다.

신기하게도 나이가 들수록 이 효과를 더 뚜렷하게 경험한다는 사실이 연구로 드러났는데, 이는 직관에

반하는 결과다. 언뜻 생각했을 때 나이를 먹을수록 그림보다는 문자로 된 정보를 더 잘 흡수하는 게 당연하지 않은가?

이에 대해, 언어를 사용하는 능력이 향상될수록 그림에 문자적 설명을 입히는 도구도 발전되므로 그 덕에 그림을 더 쉽게 기억하게 된다는 추론도 제기된 바 있다. 어느 쪽이건 글보다는 항상 그림이 더 효과적이며 우리가 지적으로 성숙할수록 그 효율도 올라간다는 점은 변함없다.

그런데 이 발견에서 한 가지 흥미로운 주장이 도출되었다. 바로 성인을 대상으로 한 글에도 일러스트가 많이 들어가는 게 좋다는 것이다. 그러니까 삽화가 들어간 책이나 만화책은 어린이만 봐야 한다는 생각은 완전히 틀렸다!

그림은 얼마나 힘이 셀까?

그림이 우리의 마음을 움직이는 힘을 갖는 이유 중 하나는 인지작용이 언어를 거치지 않고 이루어지기 때문일 것이다. 이를 잘 보여주는 훌륭한 예가 있으니, 단 한 장의 사진이 수백 수천 건의 기사보다 세계 여론에 훨씬 큰 영향을 미친 사건이다. 1960년대에 무수한 종군기자들이 베트남 국민의 고통을 기사로 상세히 써 날랐지만 정작 여론을 움직인 건 심한 화상을 입은 한 발가벗은 아이가 네이팜탄을 피해 정신없이 달아나는 사진이었다. 2차 세계대전 당시 홀로코스트의 참상은 백날 설명을 들어도 먼일처럼 느껴지다가 수용소의 뼈만 남은 시신 무더기를 담은 흑백사진을 본 순간 훅 와닿는다. "수백만 사상자"라는 개념은 언뜻 잘 안 와닿지만, 무참히 죽임당한 유대인들을 담은 사진은 감수성이 메말랐다는 사람도 울컥하게 만든다. 이미지는 그만큼 울림이 크다. 사건은 말로 묘사했을 때보다 이미지로 전달했을 때 더 현실적으로 다가온다.

백 마디 말보다 사진 한 장, 그림 한 장이 우리에게 현실을 더 생생히 전해준다.

우리가 불안을 느낄 때 어떤 행동을 하는지 연구한 결과, 불안을 시각화하는 데 능숙한 사람이 그저 말로만 고통을 묘사하는 사람보다 문제 해결의 어려움을 덜 겪는다는 것이 드러났다. 자신이 무서워하는 상황을 시각적으로 그려보기를 피하는 사람은 끝내 그 상황에 익숙해지지 않을 거라고 전문가들은 조언했다. 거미를 절대로 똑바로 바라보지 않으려는 사람은 거미 공포증을 끝내 극복할 수 없다는 얘기다. 말로 묘사하기보다 시각적으로 떠올려보는 행위가 우리에게 더 큰 영향을 끼치는 것이다.

두 개의 강력한 도구를 합치다

은유가 여러모로 효과가 있다는 건 이제 다들 알았을 것이다. 인간의 언어와 사고는 은유 안에서 이루어진다. 우리는 은유를 통해 인간 고유의 언어능력을, 그리고 어떤 대상에 논리적 틀을 입히는 능력을 마음껏 발휘한다. 은유는 두 대상 간의 유사점에 초점을 맞춤으로써 생소한 대상을 좀 더 이해하기 쉬운 대상으로 만들어준다. 익숙한 것과 생소한 것이 있을 때 그 둘의 유사점을 찾아내, 이미 익숙한 것과의 연관성을 통해 생소한 것을 대하는 자신의 태도를 바꿀 수 있다.

또한 그림이 최고의 교육 도구라는 점에도 주목해야 한다. 정보를 더 효과적으로 기억하게 해줄 뿐 아니라 감정 또한 더욱 깊이 건드린다. 한마디로 은유 표현에 그것을 설명하는 일러스트까지 곁들이면 두 개의 강력한 학습 도구를 갖추게 되는 셈이다. 당신의 생각을 바꾸고 마음을 치유하는 데 이보다 더 강력한 도구가 또 있을까.

오늘도 삶에서
도망치고 만
당신에게

-틈만 나면 도망치고
싶은 뇌 길들이는 그림

그림 1.

내 머릿속에
도마뱀이 산다고?

~~~

겁쟁이 도마뱀에게 인생의 운전대를 넘겨주지 마라!

공포에 사로잡힌 순간에 들려오는 신호는 우리 뇌의
깊은 곳, 가장 원초적인 기관에서 나온다. 이 기관은
종종 '파충류 뇌'라 불리는데, 생김새가 딱 도마뱀 같
은 파충류나 다른 단순한 종들의 뇌와 똑같기 때문이
다. 고등 인지작용을 담당하는 뇌 기관을 비롯해 생각
하는 과정을 관장하는 뇌 기관들은 진화를 거치면서
나중에 추가로 생겨난 것들이다. 어쨌든 공포를 느낄
때 신체의 반응을 관장하는 건 주로 이 파충류 뇌이며,

짐작했겠지만 이 뇌는 꽤 멍청하다.

우리는 두려움을 느낄 때 '편도체'라고 하는 이 파충류 뇌의 일부분을 가동한다. 겁에 질리는 순간, 이 편도체가 우리 몸의 반응을 완전히 장악한다. 가끔 편도체가 옳을 때도 있다. 그야말로 절체절명의 위기에 처해서 편도체가 도망치라고 경고할 때가 그렇다. 하지만 편도체가 거짓 경보를 보낼 때도 있다. 종족 보존의 측면에서 보면 겁을 너무 안 내는 것보다는 겁을 너무잘 내는 편이 유리하다. 그런데 안타깝게도 이 거짓 경보는 위험이 전혀 없는 상황에서도 요란하게 울린다. 이 상황이 잦아지면 우리 삶의 질은 몹시 저하된다.

얼마든지 대응할 수 있는 상황인데도 겁이 날 때 가장 손쉬운 대처법은 괜찮다고 자신을 다독이면서 두려움을 이성으로 물리치려고 노력하는 것이다. 그런데 이 방법은 잘 통하지 않으며, 그 사실이 그다지 놀랍지도 않다. 인간의 뇌에서 비교적 원초적인 기관들은 원래 논리가 잘 안 먹히기 때문이다. 멍청한 도마뱀 녀석이 말귀를 통 못 알아듣는 것이다. 녀석은 계속 겁에 질려 있다.

그렇다면 원시적인 수준의 짐승에게 지금 상황이 위험하지 않다는 것을 어떻게 이해시킬까? 당연히 말로 설명해서는 설득시킬 수 없다. 원시적 짐승에게는 논리가 통하지 않으니까. 유일하게 통하는 방법은 도마뱀이 오금 저리게 무섭다고 느끼는 상황을 실제로 경험하게 내버려둬서 녀석의 공포에 찬 비명이 과민 반응이었음을 스스로 깨닫게 하는 것이다. 이 전략은 두려움을 가라앉히는 데에도 잘 먹힌다. 두려움을 애써 떨쳐버리라고 자신을 타이르는 대신 그 상황을 고스란히 경험함으로써 애초에 생각했던 만큼 큰 위험이 아니었음을 확인하는 것이다.

만약 두려움 때문에 하고 싶은 일을 못 하고 있다면, 그냥 무작정 해보라. 무서워죽겠어도 그냥 해보라. 멍청한 도마뱀 녀석은 무시하면 그만이다!

그림 2.

벼랑 끝 줄다리기에서
필승하는 법

~

문제는 불안이 아니라 불안과 싸우려 드는 것

상담심리사를 찾는 가장 흔한 이유 중 하나는 극도의 불안 때문이다. 그런데 불안을 느끼는 주 원인은 불안 자체가 아니다. 문제는 불안에 대처하는 방식에 있다. 불안감의 정체는 무언가 자신을 위협하고 있음을 포착했다고 뇌가 신호를 보내는 것에 불과하다. 이 반응의 정도가 심해지면 불편감을 느낀다. 본래 인간은 자신을 불안하고 초조하게 만드는 대상은 일단 피하고 싶어 하므로 뇌는 제 할 일을 하고 있을 뿐인데 말이다. 원시시대였다면 이 신호 덕분에 목숨을 위협하는 위험을 수없이 피했을 것이다.

상상력이 남달리 발달한 사람이라면 현대 사회에서도 목숨을 위협할 정도의 극도로 위험한 상황으로 판단할 법한 일을 종종 찾아낸다. 어떤 불안감에는 그럴 만한 이유가 있다. 불안감 같은 신체 반응을 불러일으키는 어떤 트리거trigger(과거의 트라우마를 떠올려 재경험하게 하는 자극 – 옮긴이주)가 정말로 죽음을 부르거나 아니면 최소한 목숨을 위협하는 상황으로 이어지는 경우다. 그러나 대개의 경우는 실제적 위협이 없다. 그저 지나친 상상에서 나온 과잉반응에 불과하다.

무엇이 트리거가 되었건 불안 반응은 별반 도움이 되지 않는다. 생사를 가르는 상황이 비일비재했던 원시적인 세계에서 살았을 때 굳어진 반응이기 때문이다. 그 세계에서는 "싸우거나 도망치기" 반응이 상당히 유용했다. 그러나 현대 사회에서 마주하는 어려움, 이를테면 주택담보대출금 상환이 밀려 있다든가 상사

와 면담해야 하는 상황에 직면했을 때는 불안 반응이 별로 도움이 되지 않는다.

불안 자체는 위험한 게 아니다. 원래는 위협에 잘 대처할 수 있도록 자연이 짜놓은 장치에 가깝다. 그런데 불안은 자동적 반응이라서 막을 수가 없다. 위험과 마주한 순간 스위치가 켜진다. 그렇기에 불안감이 발동했을 때는 아무리 억누르려고 발버둥 쳐봐도 소용없다. 불안을 그대로 받아들이고 그 상황에서 할 수 있는 일을 하는 게 낫다.

안타깝게도 대개는 불안을 없애려고만 한다. 진짜 문제는 여기에서 생긴다. 어떤 불편감도 겪지 않으려고 삶의 여러 경험을 제한하거나 술이나 마약에 의지해 불안에서 벗어나려 하는 시도 모두 더 많은 문제를 부르는 대처법이다.

불안감과 싸우기를 멈추면 문제는 훨씬 줄어든다. 쓸데없는 줄다리기를 멈춰라. 지금 잡고 있는 그 줄을 놓기만 하면 된다!

그림 3.

겁쟁이지만,
다이빙 선수

~~~

딱 좋은 순간을 기다리는 어리석음

살다 보면 결정을 내려야 할 순간이 수없이 닥친다. 그 중에는 대학원에 진학할지 말지, 안정적인 직장을 계속 다닐지 아니면 내게 맞는 일을 하기 위해 사직서를 제출할지와 같이 일생을 통틀어 아주 중대한 결정도 있다. 반면 자꾸 관심이 가는 직장동료에게 데이트를 신청할지 혹은 다락의 잡동사니를 처분할지와 같이 사소해 보이는 문제도 있다.

하지만 그 선택의 순간, 그냥 눈 딱 감고 해버리는

수밖에 없다는 걸 알면서도 주저한다. 왠지 마음이 불편하고 뭔가 잘못하는 것 같은 느낌이 들어서다. 그래서 가만히 앉아 적당한 때가 오기만을 기다린다. 그때가 되면 하겠다며.

문제는 적당한 때가 왔다는 느낌을 마냥 기다리면 영원히 기다리기만 하다 끝날지도 모른다는 것이다.

다이빙대에 서서 물에 뛰어들지 못하고 머뭇거리는 건 인생에서 누구나 한 번은 겪는 상황과 유사하다. 물에 뛰어들어도 위험하지 않을 걸 아는데도 계속 멀뚱히 서서 적당한 순간이 왔다는 기분이 들 때까지 기다린다. 대부분은 끝까지 의심을 못 버린 채로 결국 뛰어든다. 재미있는 건 물에 뛰어든 뒤에야 그리 나쁘진 않다고 여기는 것이다. 그러면 최악의 공포가 잦아든다. 다음번에 다시 다이빙대에 설 때가 오면 뛰어들 용기를 그러모으는 게 이전만큼 어렵지 않다.

이는 상담심리 치료의 기본원리를 보여준다. 상담을 받으러 오는 이들 중에는 자신이 어떻게 해야 할지 이미 알고 있는 경우가 많다. 알면서도 적당한 순간이 오기를 기다리는 것이다. 그렇게 몇 년이고 기다리기만 하는 사람도 많다. 흔한 오해가, 상담치료란 내담자의 생각을 바꿔주는 것이라는 믿음이다. 먼저 두려워하기를 멈춰야 하며 그런 뒤에야 하고 싶은 것을 할 수 있게 되겠지 하는 것이다. 사실은 그 반대다. 실제로 어떤 행동을 해봤는데 아무 이상이 없더라는 것을 확인하면 그동안 느껴온 두려움은 저절로 사라진다.

우리가 인생에서 겪는 일의 대부분이 이런 식이다. 중요히 여기는 일이 있다면 그 일을 할 적당한 순간이 오기를 기다려선 안 된다. 무작정 해보라! 뭐든 일단 해봐야만 그 일에 대해 그동안 가져온 생각을 바꿀 기회를 자기 자신에게 제대로 준 셈이다.

그림 4.

개구리가 튀어오르는 걸
누가 막을 수 있나?

~~~

원치 않는 생각이 자꾸만 떠오른다면

인간의 뇌는 끊임없이 생각을 만들어낸다. 하지만 뇌의 이런 작업을 우리는 거의 인지하지 못하며, 지금 이 순간 어떤 생각을 떠올릴지도 극히 제한적으로만 통제할 수 있다.

원치 않는 부정적 생각을 멈춰야 한다는 것도 우리가 하는 흔한 오해 중 하나다. 예를 들어 '나는 실패자야'라든가 '난 너무 못생겼어', '난 너무 멍청해' 같은 생각이 들기 시작하면 애써서 그 생각을 멈춰야 한다고 믿는 것이다.

물론 그런 생각을 멈추고 싶어 하는 것은 정상이다. 어쨌거나 떠올리기 괴로운 생각들이니 말이다. 하지만 연구에 따르면 어떤 생각을 그만하려고 애쓸수록 그 생각은 더 떠오른다. 떠올리지 않으려고 애쓸수록 그 녀석들은 마치 놀란 개구리 떼가 한꺼번에 튀어오르듯 머릿속에서 점점 더 힘차게 퐁퐁퐁퐁 떠오른다. "초록얼룩개구리는 생각하지 마"라고 속으로 되뇌어봐도 소용이 없고 그럴수록 더 떠오르기만 할뿐이다.

각고의 노력 끝에 겨우 다른 생각을 떠올려 잠깐 신경을 다른 데로 돌리는 데 성공할 수는 있다. 하지만 집중의 끈을 놓자마자 아까 그 개구리 녀석들이 또다시 머릿속에 우르르 밀려온다. 원치 않는 생각을 영구적으로 멈추는 건 불가능에 가깝다.

원치 않는 생각이 자꾸만 떠오를 때 가장 효율적인 대처 방법은 그 생각이 떠오르게 그냥 내버려두는 것이다. 원하건 원치 않건 그 생각들은 떠오르게 마련이다. 그렇다면 우리가 할 수 있는 건 그 생각들을 떠오르지 않게 할 수 없는 것 혹은 그렇게 떠오를 수밖에 없는 생각 자체 때문에 안달하지 않는 것이다.

다만 그 생각을 대수롭지 않은 것으로 여기면 된다.
생각을 멈추는 건 정말이지 어려운 일이다.

그림 5.

눈 가리고
공포영화 보기

~~~~~

피하기만 하면 절대 익숙해질 수 없다

살다 보면 다시는 떠올리고 싶지 않을 몹시 불쾌한 일들을 겪게 마련이다. 어떤 이들은 이런 일을 겪어도 잘 넘기고 이후에도 그 기억을 안고 잘 살아간다. 기억은 계속 남아 있지만 대개는 몇 달이 지나면 그럭저럭 감당할 수 있게 된다. 한편 다른 어떤 이들, 특히 형용할 수 없을 만큼 끔찍한 일을 겪은 이들은 그 일에 관한 생각이 조금이라도 떠오르는 걸 못 견딘다. 이때 자동적으로 따라나오는 반응은 필사적으로 도망치는 것이다. 기억을 자극해 그때의 기분을 되살려내는 것만큼은 어떤 대가를 치르더라도 피하려 든다.

사람들은 저마다 고통스러운 기억을 피하고자 온갖 수법을 동원한다. 일에 파묻히거나, 술에서 위안을 찾기도 한다. 혹은 기억이 떠오르는 것을 피하려고 감각인상sensory impressions을 일체 차단하려 들기도 한다. 그러다 보면 일상을 제대로 영위하지 못한다. 더 큰 비극은 아무리 기를 써도 그 기억은 사라지지 않는다는 것이다. 우리 뇌에는 "삭제 버튼"이 없기 때문이다.

역설적으로 고통스러운 기억을 다루는 데 가장 효과적이라고 판명된 방법은 그 기억을 적극적으로 직시하는 것이다. 한 단계씩 차근히, 가능하면 상담심리사의 도움을 받아가며 노력하다 보면 그 기억에 대한 두려움을 물리칠 수 있다.* 공포영화를 볼 때와 비슷한 원리다. 공포영화 한 편을 처음 시청할 때는 오줌을 지릴 정도로 겁을 먹지만, 똑같은 영화를 다섯 번째 본다고 할 때는 처음만큼 겁을 먹는 일은 거의 없다.

물론 이 방법이 통하려면 영화를 제대로 시청해야 한다. 영화를 볼 때마다 매번 눈을 가리고 귀를 막고 있으면 영화의 내용을 전혀 파악할 수 없다. 그래서 다음번에 영화를 볼 때도 처음만큼 겁에 질린다.

불쾌한 기억이 떠오를 때 가장 좋은 대처법은 그 기억이 또 떠오를 거라는 사실을 받아들이는 것이다. 물론 이런 대처법은 괴로운 순간을 반복해서 경험하기에 그리 유쾌한 건 아니지만, 일단 그 기억에 익숙해지면 견디기가 점점 수월해진다. 익숙해지지 않으면 그 기억을 떠올리지 않으려고 애쓰는 데 인생을 바치게 될 것이다.

~~~~~~~~

* 주의: 괴로운 일을 겪었을 때 가장 중요한 것은 즉시 안정된 환경에서 사랑하는 이들에게 둘러싸여 지내는 것이다. 적극적으로 기억을 직면하는 단계는 사건 발생 후 몇 달이 지나더는 그 기억을 감당할 만한 게 분명해졌을 때 시도해야 한다. 정확한 시기는 상담심리사와 의논해볼 것을 권한다.

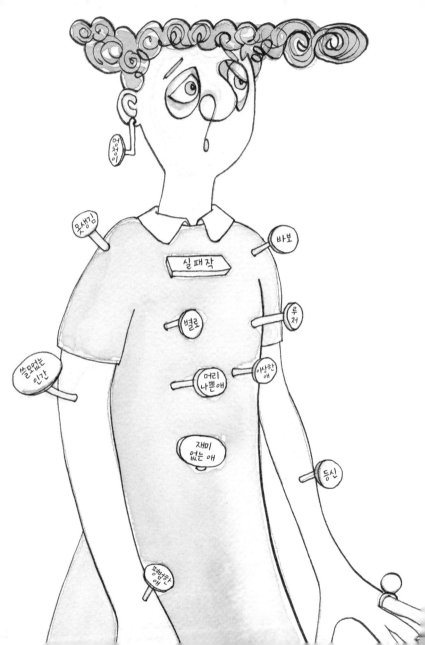

그림 6.

이번엔 또 어떤
버튼을 누른 거야?

~~

통제할 수 있는 건 생각과 감정의 극히 일부다

우리 뇌는 일생에 걸쳐 방대한 분량의 기억을 축적한
다. 때로 이 기억들은 온전한 에피소드로 수면 위로 떠
오르지만, 그보다는 특정한 상황에서 파편화된 생각
과 감정이 자동반사적으로 떠오르는 것이 더 일반적
이다. 우리는 대개 이런 생각과 감정들이 어디에서 오
는지 의식하지 못한다.

심리학자들은 이를 "자동적 사고"라고 부른다.

대개 이런 생각과 감정들은 그것을 최초로 유발한

요인을 상기하게 하는 상황에 부닥쳤을 때 떠오른다. 예를 들어, 어렸을 때 학교에서 외톨이로 지냈다면 성인이 되어서도, 심지어 지금은 친구가 잔뜩 있다고 해도, 낯선 상황에서 사람들과 어울려야 할 때마다 불안전한 기분이 들 수 있다. 한편, 부모에게 '너는 왜 그것밖에 못 하냐'는 핀잔을 끊임없이 듣고 자란 사람은 어른이 되어서도, 심지어 어려운 작업 여러 개를 한꺼번에 잘 해내고 있는데도, 자신이 부족한 사람이라는 기분을 떨쳐내지 못한다. 최악의 경우 그런 생각과 감정에 사로잡혀 인생을 제대로 누리지 못하기도 한다.

이 경우 제일 먼저 해야 할 일은 자동적 사고를 인지하는 것이다. 보통 자동적 사고는 특정한 상황에서, 특정한 생각을 하거나 기분을 느낄 때 일어난다. 일단 이를 인지하기 시작했으면 대처법은 두 가지다.

첫째는 의문을 제기하는 것이다. 특정 자동적 사고를 뒷받침하는, 혹은 반박하는 근거를 찾아내어 실제로 그러한지를 시험해보고 확인해본다.

둘째는 가장 중요한 대처법이라 할 수 있는데, 그 자동적 사고를 있는 그대로 받아들여 보는 것이다. 마치 로봇이나 인형에 달린 버튼이 눌린 것처럼 자동으로 어떤 생각이나 감정이 떠오르는 상황들이 있다. 하지만 그 생각과 감정들이 내 인생을 쥐고 계속 흔들어대도록 내버려두라는 법은 없다. 그것들은 그저 과거의 한 시기에 겪었던 경험의 산물일 뿐이다. 언제고 또다시 버튼이 눌려 어떤 생각과 감정이 떠오르든 말든 그냥 내버려두고, 내가 하고 싶은 일을 하면 된다.

그림 7.

어른인 나와
내 안의 어린 나

~~~

어릴 때 느꼈던 감정들을 어른인 내가 다독여주기

나이가 들면서 조금씩 나아지는 것 중 하나가 순간의 감정을 다스리고 자신의 생각을 다른 방향에서 들여다보는 능력이다.

어릴 때는 자신이 겪는 일을 백 퍼센트 이해하지 못한다. 세상은 하나의 거대한 미스터리이며 그런 세상을 살아가는 우리는 때로 감정에 집어삼켜질 것 같은 느낌이 들어 겁에 질리곤 한다. 역량이 충분한 어른은 어린아이의 이야기를 주의 깊게 듣고, 아이가 털어놓는 감정을 가볍게 여기지 않으며, 아이가 그때그때 겪는 감정과 경험을 온전히 소화할 수 있게 도와준다.

어른이 된 후에도 우리는 때때로 마음을 들쑤셔놓는 감정 때문에 주저앉곤 한다. 누구나 제각기 유난히 민감하게 반응하는 부분이 있으며, 유년기에 자신을 다독여줄 어른이 곁에 없었던 사람은 특히 더 그렇다. 성장기에 정서적으로 지지를 받지 못하면 성인이 되어서도 여전히 상처받은 아이 수준에서 한 뼘도 자라지 못한 사람처럼 반응하게 된다.

그런 반응이 튀어나오면 마치 어른이 아이를 다독이듯 자신을 다독여주라! 자신을 혼내지 말고, 풀 죽게 만들지도 말라. 어떤 사건이 지금의 강한 감정을 불러일으켰음을 인정하되, 이성적인 관점에서 그 감정을 분석하라. 자기 자신과 자신의 약점을 자애로운 마음으로 대하라.

더 큰 자아, 어쨌거나 세상을 훨씬 더 잘 이해하는 그 자아가 어린 자아를 위로하게 하라.

방법이 안 먹힐 때
쓰는 방법이 있다

-무작정 열심히 하는 뇌 길들이는 그림

그림 8.

작은 망치가 안 듣는다고
큰 망치를 쓰면 듣나?

~~~

안 통하는 전략을 전보다 더 열심히 쓰려는 당신에게

어떤 행동이 효과가 있을 때 그 행동을 극대화하는 것은 기본적인 학습원리다. 효과가 없는 행동은 덜 하는 것도 마찬가지다. 이는 일종의 행동 진화라고 볼 수도 있다. 물론 계속 유지되는 행동은 주어진 과제에 가장 적합했던 행동이라는 뜻이다.

그런데 여태까지 매번 효과가 있었던 행동이 더는 통하지 않을 때 흥미로운 현상이 발생한다. 심리학에서 "소거 격발extinction burst"(또는 "소거 발작")이라고 하는 현상이다. 한때 잘 먹혔던 그 행동의 강도나 빈도수를 일시적으로 강화하는 현상을 말한다.

예를 들어, 아이가 잘못된 행동을 할 때마다 큰 소리로 혼을 내도 좀처럼 말을 듣지 않으면 부모는 언성을 높여 더 심하게 꾸짖는다. 채널을 바꾸려고 TV 리모컨을 눌렀는데 채널이 바뀌지 않으면 리모컨 버튼을 더 여러 번 더 세게 누른다.

그렇게 똑같은 해결법 하나로 문제를 해결하기를 수차례 시도하다가 결국에는 체념하고 포기한다. 그럴 때면 낙담이 이만저만이 아니다. 어쨌거나 문제를 해결해보려고 오랫동안 열심히 노력했으니 말이다. 문제는 똑같은 행동을 반복해서, 점점 더 강도만 높여가며 시도했다는 것이다.

자신이 할 수 있는 "모든 것"을 다 해봤는데도 인생이 좀처럼 안 풀려서 제자리걸음만 하는 기분이 든다면, 혹시 똑같은 행동을 되풀이하면서 더 열심히만 하려고 했던 것은 아닌지 돌아보라. 정말로 다른 방법을 써봤다고 자신 있게 말할 수 있는가?

지금 필요한 건 몇 배의 노력이 아닌지도 모른다.
진정 필요한 건 전략을 바꾸는 것이다.

그림 9.

자나 깨나
광대만 그리는 화가

~~~

우리는 할 줄 아는 것만 하려고 든다

살면서 가장 흔하게 걸려드는 함정 중 하나는 새로운 것을 시도하지 않으려 드는 것이다. 색다른 것, 잘 모르는 것을 시도하면 마음이 편치 않아서다. 불편한 마음을 참고서 해보지 않았던 것을 시도해볼 경우, 대개는 불만족스러운 결과를 얻는다. 제대로 하는 법을 아직 못 익혔으니 당연히 그럴 수밖에 없다. 그럼 이어서 어떤 일이 벌어질까? 새로운 도전을 포기하고 만다!

» 포핸드 스트로크가 잘 먹혀서 그 기술만 줄곧 쓰는 테니스 선수가 있다. 포핸드가 아닌 백핸드를 쓰면 자꾸만 공이 네트에 걸려서 그는 백핸드 연습하는 걸 별로 안 좋아한다. 그런데 안됐지만 한 가지 스트로크만 통달하면 좋은 선수가 될 수 없다.

» 프랑스로 여행을 갔는데도 그동안 학교에서 배운 프랑스어를 쓸 용기가 나지 않아서 그냥 영어만 쓰고 마는 사람이 있다. 당연히 프랑스어가 영 늘지를 않는다. 몇 번 프랑스어로 대화를 시도해봤지만, 결과가 좋지 않았다. 그렇게 프랑스어를 포기한 그녀는 영어 외에 다른 외국어는 영영 배우지 못한다.

» 할리퀸(전통 희극에 등장하는, 마름모형 무늬의 울긋불긋한 옷을 입은 익살꾼 – 옮긴이주)을 그리는 법만 배웠다고 줄곧 할리퀸만 그리는 화가 지망생이 있다. 그가 내놓는 작품들은 수준이 대체로 괜찮다. 그러나 불

행히도 할리퀸이 그의 유일한 모티프다. 가끔 다른 것을 그려봐도 그 결과물이 할리퀸 그림만큼 마음에 들지 않으니 그는 번번이 낙담한다.

무슨 이야기냐면, 새로운 것을 시도할 때 결과물이 조금 시원찮아 보이거나 완벽과 거리가 멀더라도 낙담하지 말라는 것이다. 우리의 신경 체계는 불편감을 즉각 피하도록 설계되어 있다. 하지만 그 최초의 반응이 우리를 잘못된 방향으로 이끌 수 있다.

여러분의 레퍼토리를 넓히는 데 도움이 될 훌륭한 조언이 있다. 처음에 '당장 그만둬'라는 충동이 들더라도 무시하고, 의도적으로 계속 새로운 행동을 해보라는 것이다. 아예 잘하지 못할 것 같은 일을 해보라. 그렇게 새로운 것을 배우는 것이다!

그림 10.

녹색불 기다리기

(주의! 지난 20년간 녹색불은 켜지지 않았음)

~

규칙은 무시해야 할 때도 있다

우리는 태어나는 순간부터 수많은 규칙을 배운다. 그
중에는 경험으로 직접 배우는 것들도 있다. 바깥 날씨
가 추우면 옷을 두껍게 입는 게 좋다는 것이 한 예다.
그런가 하면 남이 가르쳐주어서 알게 되는 규칙들도
있다. 이런 규칙들은 잘 지키면 칭찬받고 지키지 않으
면 혼이 나면서 학습한다. 용변을 본 후 반드시 손을
씻으라고 부모님이 백 번씩 반복하는 잔소리가 바로
대표적인 사례다.

그뿐 아니라 우리는 "메타 규칙"이라는 것도 배운다. 규칙에 대한 규칙을 말한다. 메타 규칙은 이 한 문장으로 설명된다. "규칙은 지키라고 있는 것이다." 규칙을 어기면 대개는 좋지 않은 결과가 뒤따르기에 하는 말이다.

물론 규칙은 더없이 실용적이다. 규칙이 있기에 우리는 굳이 모든 상황에서 자신이 내리는 결정에 따를 이점과 손해를 따지느라 두뇌를 풀가동하지 않아도 된다. 규칙이 있기에 우리는 어떤 행동을 취할지 순간적으로 결정 내릴 수 있다. 규칙이 없었다면 우리가 사회구성원으로서 제대로 기능할 수 없었을 것이다.

그러나 동시에 우리는 과하게 경직된 규칙 체계에 갇히기도 한다. 우리 삶이 혼돈에 빠지고 한 치 앞을 예측할 수 없을 때 특히 더 그렇다. 그럴 때는 조금이라도 더 편하게 살고자 앞뒤 없이 무조건 규칙을 따르고픈 마음이 들게 마련이다. 그런데 안타깝게도 세상에는 유독 해로운 규칙들이 존재한다. "그 사람을 사랑하면 죽을 때까지 함께해야 한다"든가―그가 습관적으로 당신을 폭행하는데도―"도둑질은 절대 해선 안 된다"―오늘 어떻게든 먹을 것을 구하지 못하면 자식들이 굶어 죽는데도―같은 규칙이 여기 해당한다.

혹시 자신이 지나치게 경직된 규칙 체계에 갇혀 있지 않은지 돌아보라. 인생이 매일 제자리인 것 같고 눈앞에 보이는 길은 죄다 막혀 있는 기분이 든다면, 그게 바로 경고신호다. 이런 상황에서 "그렇게 하면 안 돼!"라든가 "나 같은 사람은 그런 짓 안 해!" 같은 규칙을 한 번쯤 어긴다고 해서 세상이 무너지지는 않는다.

규칙은 물론 따르라고 있는 것이지만,
현실이 규칙을 어길 것을 요구할 때는 얘기가 다르다.

그림 11.

개가
최고야!

~~~

'나는 항상 옳다'는 생각의 함정

불의를 겪고 인생이 꼬여버린 사람은 백사장의 모래 알만큼이나 많다. 그런데 그에 못지않게 많은 것이 바로 자신이 당한 부당한 일과 불의를 좀처럼 놓아 보내지 못해 인생이 힘들어진 사람이다.

내가 옳고 상대방이 틀렸는데 틀린 부분이 바로잡히거나 자신의 옳음이 인정받지 못할 때, 그 상황을 받아들이기란 참 힘들다. 누구나 그 기분을 잘 알 것이다. 더군다나 자신에게 꽤 중요한 사람에게 부당한 일을 당했거나 그 사람의 잘못으로 자신이 유독 큰 대가를 치러야 했을 때는 그 상황을 받아들이기가 몇 배 더 힘들다.

하지만 "내가 옳다"는 믿음도 억울함 못지않게 일상에서 꽤 해롭게 작용할 수 있다. 내 친구 혹은 내 배우자가 항상 옳을 수는 없다. 그렇다면 마찬가지로 나도 항상 옳을 수만은 없지 않은가.

그런데 잠깐, 꼭 모든 상황이 한쪽이 옳다는 결론으로 마무리되어야 할까?

어떤 경우에는 힘겨운 싸움을 계속할지 말지 잘 따져봐야 한다. 불행히도 인생은 항상 공정한 것은 아니며 인간은 누구나 잘못을 저지른다. 자신이 옳았음을 증명하는 것이 과연 모아둔 돈을 탕진하고 친구들을 잃고 중요한 인간관계와 자신의 건강까지 해칠만한 가치가 있을까? 그렇게까지 해서 얻는 게 무엇인가?

당신이 아무리 개가 최고의 반려동물이라는 걸 "안다" 해도, 그렇게 우기면서 혼자서 외롭게 노느니 "애

묘인"들과 어울리는 쪽이 훨씬 즐거울 것이다. 달리 말하면 다음과 같다.

때로는 부당한 일을 당했다는 억울함을 놓아 보내고 다시 일상의 궤도로 돌아갈 줄도 알아야 한다.

그림 12.

끝나지 않는 탁구는
이제 그만!

~~~

반복되는 괴로운 생각의 패턴을 끊어라!

인간이 다른 동물과 다른 점 중 하나는 고도로 복잡한 개념을 이해할 수 있다는 것이다. 우리는 바로 이 능력을 사용해 실질적 문제와 잠재적 문제 모두를 해결할 수 있다. 골똘히 생각에 잠긴다는 뜻이다. 그렇다면 자신이 충분히 심사숙고했다는 건 어떻게 알까?

명확한 해결책이 떠올랐으면 충분히 생각한 것이다. 일단 해결책을 도출했으면 우리는 안도감과 만족을 느낀다. "이번에도 골똘히 생각하는 게 통했어. 기분이 후련하군.”

　그러나 모든 문젯거리가 이렇게 수월히 해결되는 건 아니다. 만족스러운 해답을 얻는 것이 도통 불가능한 문제들도 있다. 예를 들면 “앞으로 10년 안에 내 배우자가 다른 사람과 눈이 맞아서 나를 떠나지는 않을까?” 같은 것이다. 또 어떤 문제들은 너무 복잡하고 다층적이어서 앞으로 어떤 방향으로 풀릴지 아무도 짐작할 수 없다. “다음 불경기에 내 투자가 휴짓조각이 되지는 않을까?” 같은 고민이 여기 해당한다. 여기서 문제는 우리가 한도 끝도 없이 생각에 잠기려 든다는 것이다. 만족스러운 해답을 찾고 싶어서 그러는 것이다. 그래서 우리는 자신을 괴롭힌다.

　이러한 패턴을 멈추기가 어려운 한 가지 이유는, 불편한 생각이 들 때마다 본능적으로 기운을 북돋우려고 위안이 되는 생각을 떠올리려 하기 때문이다. 이러한 위안의 효과는 보통 일시적이라서 얼마 안 가 새로운 걱정거리가 뒤따른다. 그러면 다시 불안해지지 않으려고 곧바로 또 새로운 위안거리를 떠올리고, 이는 새로운 걱정거리를 불러온다. 이 패턴을 무한히 반복할 수도 있다. 마치 걱정과 위안이 머릿속에서 끝없이 오가는 탁구 경기 같다.

이 탁구 경기를 끝내려면 우선 자신이 답 없는 경기에 발을 들였음을 인지해야 한다. 한 가지 해결책은 그냥 공을 받아치지 않는 것이다. 자신을 괴롭히는 반복되는 생각의 패턴을 끊고, 대신 자신을 불안하게 만드는 골똘한 생각을 계속 파고들어서 앞으로 일어날 수 있는 최악의 시나리오까지 도달해본다. 그렇게 극단적인 시나리오를 떠올려보고 그 최악의 경우를 세세히 분석해볼 용기가 있는 사람이라면 그런 궁극의 시나리오가 현실화할 가능성이 매우 희박하다는 사실을 깨닫게 될 것이다. 아니면 적어도 자신을 완벽히 안심시켜줄 해결책이란 존재하지 않음을 이해하고 받아들일 것이다.

그림 13.

삽질, 부지런하고 멍청하게
구덩이를 탈출하는 방법

~~~

우리는 갖고 있는 도구만 사용하려고 든다

사람들은 도저히 극복할 수 없어 보이는 문제와 맞닥뜨리면 보통 이렇게 말한다. "난 할 수 있는 건 다 해봤어!" 아마 그 말도 맞을 것이다. 그런데 문제는 삶이 문젯거리를 던져주면 자신이 사용법을 익히 아는, 이미 익숙한 전략만 쓰려 한다는 것이다.

» 늘 열심히 일해온 사람은 자기 몫의 일거리가 늘어나면 그저 더 열심히 일한다.

» 시키는 대로 하지 않는 사람을 상대로 싸우는 법만 배운 사람은 상대가 말을 듣지 않으면 자신이 원하는 바가 관철될 때까지 더 크게 소리 지른다.

여태껏 써온 방법이 안 먹히거나 그 방법을 사용하는 데 비용이 지나치게 많이 들어가는 것을 깨달았다면 그때가 바로 전략을 바꿔야 할 때다. 그러지 않으면 주변인들에게 불쾌감을 주거나, 세상만사 다 체념하거나, 번아웃 상태에 빠지게 될 것이다.

인생의 난관에 대처하는 새로운 방법을 배우는 건 새 도구의 사용법을 익히는 것과 같다. 우선 늘 써오던 것과는 다른 도구를 찾아낸 다음 그 도구의 사용법을 완전히 숙지할 때까지 연습해야 한다.

자신에게 물어보라. 도구를 바꿀 때가 되었나? 혹시 구덩이에서 벗어나겠다며 들고 있던 삽으로 더 깊게 파고들어 가고 있지는 않은가?

생각의 함정에 빠진
당신을 구하라

-쉽게 상처받는 소심한 뇌 길들이는 그림

그림 14.

나는 왜 이렇게 형편없는
스키 강사를 만난 거야?

~

'왜 그랬을까?'보다는 '어떻게 할까?'에 집중하기

힘든 일을 겪을 때 가장 흔히 보이는 반응은 "내가 그때 왜 그랬을까?"하고 자문하는 것이다.

과거에는 상담심리사가 치료 과정에서 실제이건 허구이건 이야기를 구연하면서 이야기 속 주인공이 왜 이런 내적 갈등을 겪게 되었는가를 내담자가 깨닫도록 유도하는 데 수십 시간을 할애했다. 이런 과정이 어느 정도 위안을 줄 때도 있었지만, 대체로는 내담자가 '어째서 이런 일이 일어났을까'에만 집착하게 만들어

오히려 고통을 더하는 결과를 가져왔다. 최악은 내담자의 가족이나 다른 중요한 주변 인물이 문제에 책임이 있다는 식으로 결론이 나는 경우였다. 그 분석이 온당하든 아니든 이와 같은 결론은 가정을 파탄 내고 관계를 파멸로 이끌었다.

인간은 복잡한 동물이기에 위와 같은 식의 분석은 불확실한 면이 있고 대상을 지나치게 단순화할 뿐 아니라, 참인지 거짓인지 가려내기도 어렵다. 무엇보다 이런 식의 상담에서 도출한 결론은 지금 당장 내담자가 인생을 어떻게 꾸려나가야 할지 구체적인 방법을 제시해주지 않는다.

스키 슬로프에서 넘어져 다리가 부러진 사람이 있다. 그는 자신이 스키 타는 법을 제대로 배운 건지 따져볼 테고, 자신이 느끼는 억울함을 장황하게 늘어놓을 것이다. 그러다가 자신은 어째서 이렇게 형편없는 스키 강사들만 만났을까 울분을 토할 것이다.

스키 슬로프에서 겪은 사고가 자기 잘못이 아니라

고 못 박으면 당장 위안은 될 것이다. 하지만 여기서 더 중요한 건 스키 실력을 향상시키는 게 아닐까?

한마디로 요약하면 이렇다. 자신이 지금 왜 이렇게 힘든 일을 겪고 있나 하는 의문에서 좀처럼 벗어나지 못하고 있다면, 그보다는 상황을 타개하기 위해—지금 당장—뭘 할 수 있는가에 초점을 맞추는 게 낫다. 인생을 슬기롭게 살아가는 비결은 '내가 왜 그랬을까?' 대신 '이제 어떻게 할까?'에 집중하는 것이다.

"어째서?"라고 묻지 말고
"지금 내가 뭘 할 수 있을까?"를 물어라.

그림 15.

날씨가 나쁘니까
비가 온다고?

~~~~~

자신감이 부족해서 불안정한 기분이 드는 걸까?

대중 심리학에서 가장 오해받는 용어가 바로 "자신감"
이다. 우리는 "네가 자신감이 없어서 매사에 불안정한
기분을 느끼는 거야!"라든가 "네가 자신감이 더 있었
더라면 일이 술술 잘 풀렸을 거야" 같은 소리를 자주
듣는다.

자신감을 이런 개념으로 받아들이면 어떤 문제가
생길까? 자신감을 일종의 실체가 있는 존재 혹은 어떤
"힘"으로 생각해서 그것만 손에 넣으면 매사에 확신을

지니고 행동할 수 있을 거라고 믿게 된다. 자신감을 다지는 게 우선이고, 자신감을 확보한 다음에야 그동안 확신이 없어서 미뤄뒀던 일들을 비로소 할 용기가 생긴다고 오인하는 것이다.

이는 전형적인 '범주 혼동'의 예로, 가장 흔히 빠지는 생각의 함정 중 하나다.

우리가 범주를 나누는 것은 대상을 단순화하고자 함이다. "날씨가 나쁘다"고 하면 비 오는 날씨, 추운 날씨, 바람이 심한 날씨 등등 어떤 세부 묘사도 그 한마디 안에 들어간다. 바람이 불고 비가 내려서 으슬으슬 춥고 축축할 때 "날씨가 안 좋네"라고 한마디만 하면 그것으로 충분하다. 날씨가 어떻게 안 좋은지 일일이 열거할 필요가 없다.

범주 혼동은 어떤 범주가 그것을 구성하는 부분들을 파생시킨다고 착각할 때 일어난다. 예를 들어 "나쁜 날씨"가 비를 초래하는가? 당연히 아니다. 그 논리에 따르면 비가 비를 일으킨다는 뜻이 된다. 순환논증의 오류를 저지르는 것이다.

자신감이라는 개념을 이야기할 때에도 같은 논리가 적용될 수 있다. 어떤 사람이 '자신감이 없다'고 말하면 그 사람이 숫기가 없다, 단호함이 부족하다, 혹은 특정 상황에서 확신 없이 군다 등등 여러 가지 행태를 뜻할 수 있다. 이때 자신감이 없기 때문에 쭈뼛거린다고 말하는 것은 순환논증의 오류다. 쭈뼛거리는 태도가 쭈뼛거림을 낳는다는 뜻이다! 여러 가지 행동을 한 단어로 싸잡아 말하는 것은 그 행동을 설명하는 것과 다르다. "이름 붙였다고 설명이 된 것은 아니다!"라는 말도 있지 않은가.

그러니 먼저 자신감을 다져야만 그동안 어려워했던 일을 해낼 수 있다는 식의 사고의 함정에 빠지지 말기 바란다. 이 문장을 반대로 뒤집어 생각해보라. 힘겨운 상황에 대처하는 법을 먼저 터득하라. 그러면 자신감이 조금씩 향상하는 것을 확인할 수 있을 것이다!

그림 16.

세상천지에 나만
따라다니는 비평꾼

~~~

두려워하는 것이 있으면 어디를 가나 그것만 보인다

우리 뇌가 장착한 가장 중요한 생존 장치 중 하나는 모든 감각을 동원해 자신을 위협으로부터 보호하는 것이다. 일단 어떤 대상을—직접 그것에 대한 공포를 느꼈거나 다른 사람에게서 그것이 위험하다는 얘기를 들어서—위험과 연관 지으면, 그 후로 뇌는 그 대상을 감시하는 데 놀랍도록 탁월한 능력을 발휘한다.

예를 들어 거미를 무서워하는 사람은, 몇 달 동안 아무도 발견하지 못했던, 방 한구석에 걸려 있던 거미줄을 기가 막히게 잘 찾아낸다. 또 전쟁을 한번 겪었던 사람은 자동차 타이어가 터지는 소리만 들어도 크게 놀라며 겁을 먹는다.

그런데 뇌의 이 생존 장치는 전혀 위협적이지 않은 상황에서도 위협이 존재하는 것처럼 우리를 속이기도 한다. 낯선 사람들 앞에서 말하는 것을 두려워하는 사람은 늘, 청중 가운데서 유독 못마땅한 표정을 짓고 있는 단 한 명을 즉시 포착해낸다. 그를 제외한 나머지 청중은 미소를 머금은 얼굴로 자신에게 집중하고 있는데도 말이다.

또한 이 장치는 어떤 사건이 아무리 중립적 해석이 가능하더라도, 그저 자신의 공포를 재확인해주는 증거로만 해석하게 한다. 이를테면 청중 가운데 한 사람이 하품하면, 실제로는 그 사람이 단지 간밤에 잠을 못 자서 그러는 것일지라도, 이를 청중 전체가 자신의 말을 지루하고 재미없다고 느끼는 신호로 받아들인다.

어찌어찌 발표가 끝났다고 해도 뇌의 생존을 위한

작동이 멈출 리 없다. 우리 뇌는 발표에 대한 부정적 피드백을 더 잘 기억한다. 물론 이는 잘못된 정보에만 초점을 맞춰서 그렇다. 어쨌든 이러한 경향 때문에 다음 발표를 할 때면 더더욱 긴장하게 된다.

그럼 어떻게 해야 할까? 가장 확실한 방법은 자신이 하는 이야기에 흥미를 보이는 사람들에게 최대한 집중하는 것이다. 그러나 이는 말처럼 쉽지 않다. 뇌가 제멋대로 자기에게 위협이 될 만한 정보만 쏙쏙 찾아내기 때문이다.

가장 중요한 것은 어떤 상황에서 느껴지는 기분을 백 퍼센트 믿어서는 안 된다는 사실을 기억하는 것이다. 발표가 실제보다 훨씬 엉망이었다고 믿도록 뇌가 자신을 속이고 있다는 걸 명심하자.

그림 17.

팔짝팔짝 뛰고 있으면
사자가 나타나지 않을 거야!

～

만약에 대비한 부질없는 행동을 하고 있다면

어떤 행동을 하는 가장 흔한 이유는 '효과가 있어서'다. 즉 그 행동이 기분 좋은 결과를 가져다주거나 아니면 불쾌한 일을 피하게 해주기 때문이다. 이렇듯 행동이 가져온 효과나 결과에 영향을 받는 데 좋은 점도 있다. 그러지 않았다면 자신의 성공과 실패에서 아무것도 배우지 못했을 터이니 말이다.

하지만 안타깝게도 여기서 작동하는 기제는 꽤 주먹구구식이다. 어떤 행동이 실제로는 그 결과와 아무

상관이 없는데도 특정한 효과가 있다고 믿을 때가 많다. 인간의 뇌는 항상, 일어나는 일의 원인을 찾으려고 한다. 그래서 어떤 현상이 특정 행동과 실제로는 전혀 무관하더라도 연관이 있는 것처럼 보이면 이를 인지하지 못한 채 둘을 연결하는 경향이 있다. 그러다 보니 효과가 있었다고 믿는 행동을 습관으로 굳히기 쉽다. 물론 어떤 습관들은 훌륭한 전략이겠지만, 나머지는 오히려 문제만 불러일으킨다.

무해하지만 전혀 쓸데없는 습관 하나를 예를 들자면, 한 엘리트 운동선수는 중요한 시합 때마다 오른쪽 운동화 끈을 왼쪽보다 먼저 묶어야 이긴다고 믿는다. 이보다 훨씬 심각한 어떤 습관, 이를테면 강박충동 질환 환자가 보이는 반복 행동의 기저에는 특정 의식을 치르지 않으면 끔찍한 일이 일어날 거라는 두려움이 깔려 있다. 예를 들면, 현관의 구두들을 엄청난 시간과 노력을 들여 정해진 순서에 따라 일렬로 놓아두지 않으면 (100킬로미터 떨어진 곳에 사는) 자신의 부모가 사고를 당할 거라고 믿는 사람처럼 말이다.

남들 앞에서 발표하기 전에 반드시 신경안정제를 복용해야 한다거나 상사 앞에서 완벽한 발표를 하기 위해 몇 주를 꼬박 들여 준비해야 한다면 문제가 상당히 심각한 것이다. 이런 강박적인 생각을 떨쳐버리지 못한다면 그런 의식을 치르지 않아도 괜찮다는 가설을 시험해볼 기회조차 잡을 수 없지 않은가. 게다가 한 연구에 따르면, 어떤 상황이 위험하다고 믿고서 행동하면 공포심이 가중되는 경향이 있다. 그 위험이 상상 속에만 존재하거나 실제보다 최소 몇 배 과장되었을 때도 말이다.

"만일을 위해" 어떤 일을 실행하려는 충동을 거부했을 때 과연 어떤 일이 일어날지 한번 상상해보라. 이렇게 지레 겁먹고 피하는 행동은 결국 두려움만 증폭시키며 아무것도 시도하지 못하게끔 가로막을 뿐임을 알게 될 것이다.

그림 18.

기왕 담배 한 개비 피웠으니
한 갑 다 피우고 말지!

~~~

에라, 까짓것 효과

새로운 습관을 들이거나 나쁜 습관을 버리려고 할 때 "모 아니면 도!"라는 식으로 사고하기 쉽다. 이런 마음가짐은 계획이 조금만 삐끗해도 아예 전체를 포기하게 만든다. 너무 쉽게 체념하는 동시에 정상 행동의 경계를 훌쩍 넘어선 행동을 저지르는 것이다.

» 새해를 맞아 금연을 결심했는데 한순간 마음이 약해져 담배를 몇 모금 피웠을 때, "이미 망쳤는데 뭘"

하는 생각에 아예 금연을 포기하고 오히려 평소보다 몇 배 더 많이, 미친 듯이 담배를 피워댄다.

» 당장 시험을 앞둔 학생이 아주 잠깐만 게임을 하고 공부하려고 했는데, 2시간이 훌쩍 넘도록 게임을 하고 말았다. 정신이 번쩍 들었지만, 이렇게 생각해버린다. "이미 공부할 시간을 다 흘려보냈네." 그러고는 몇 시간 더 게임을 하다가 그냥 자버린다.

» 힘들여 다이어트를 하던 어느 날, 그만 유혹에 넘어가 아이스크림콘 한 개를 먹었다. 그러자 될 대로 되라는 마음이 들면서 냉동실에 봉인해두었던 남은 아이스크림을 싹 다 먹어치운다.

이런 식으로 행동하는 이유는, 포기하면 즉각적 보상이 주어지기 때문이다. "충동과 싸워 이겨서 뭐해"라고 생각해버리면 유혹과 힘겹게 싸우는 것을 그만둘 수 있다. 그러면 그동안 힘겹게 억눌렀던 행위를 확 저지름으로써 당장 "위안"을 얻을 수 있다. 대개는 그토록 힘껏 싸워온 대상이 바로 자신이 그동안 가장 달콤한 위안거리로 삼아온 것일 테니, 그 순간 담배 한 모금, 아이스크림 한 숟갈은 세상 무엇보다 달콤할 수밖에 없다. 그뿐 아니라 '모 아니면 도' 사고방식—담배를 피우거나 아예 안 피우거나, 아이스크림을 먹거나 아예 안 먹거나 둘 중 하나—에 익숙해질수록 이런 패턴은 더욱 자연스럽게 나타난다.

심리학자들은 이러한 행동 패턴을 "에라, 까짓것 효과what-the-hell effect"라고 부른다. 행동 교정에서는 내담자를 이런 충동에 대비시킨다. 가장 좋은 대처법은 이런 행동으로 자신을 속이기 매우 쉽다는 점을 인지하는 것이다. 순간적인 유혹에 넘어가더라도 그것은 일시적 퇴보일 뿐임을 되새겨야 한다. 겨우 한 개비에 포기해선 안 된다!

그림 19.

자전거 타는 법
처음 배우던 날

~~~

경험해봐야 이해할 수 있다

행동을 교정하려고 할 때 흔히 하는 오해는 "생각부터 바꾸어야" 한다고 믿는 것이다. 겁내는 것이 있으면 "이건 실제로는 그리 위험하지 않아"라고 생각부터 고쳐먹어야 한다고 믿는 것이다. 어떤 일을 해낼 수 없을 것 같은 기분이 들 때 "자신감"부터 북돋워야 한다고 믿는 것도 마찬가지다. 의기소침한 상태에 빠졌어도 먼저 머릿속을 가득 채운 부정적인 생각들을 긍정적인 생각으로 바꿔야 한다고 믿는 것이다.

이렇게 보면 많은 사람이 '생각의 힘'을 거의 신처럼 맹목적으로 믿는 듯하다. 새로운 시도를 해보기로 마음먹은 사람들이 가장 많이 던지는 질문 중 하나가 "이것을 해내려면 제가 생각을 어떻게 고쳐먹어야 하죠?"다. 하지만 생각을 바꾸는 것보다 실제로 그것을 경험해보는 쪽이 몇 배 더 확실한 효과가 있다.

예를 들어 사람들 앞에서 말하기가 두렵다면 무작정 여러 사람 앞에서 말을 해보고, 비록 긴장은 되더라도 자신이 충분히 해낼 수 있다는 것을 깨닫는 편이 훨씬 효과적이다. 또 기분이 가라앉고 어떤 일이든 하고자 하는 의욕이 사라졌다면 의욕이 저절로 되살아나기를 기다리기보다 다이빙 선수처럼 일단 삶에 뛰어든다는 자세로 해야 하는 일과 하고 싶은 일 둘 다 실컷 해보라. 무엇이든 무작정 시작하면 기분이 나아질 확률도 수직상승한다.

"어떤 마음가짐을 지녀야 하나요?"라는 질문에 해줄 수 있는 대답은 이것이다. "아무렇게나 마음먹되,

중요한 건 지금 무엇을 하느냐입니다."

'생각하기' 혹은 '마음먹기'와 '하기'가 어떻게 다른지 이해하려면 자전거 타는 법을 처음 배우던 날을 한번 떠올려보라. "나도 배울 수 있어"라고 생각해서 탈 수 있게 되었나? 아니면 일단 자전거에 올라타 페달을 밟고 나서 탈 수 있게 되었나?

"딱 알맞은" 마음가짐을 갖출 때까지 기다려서는 아무것도 해낼 수 없다. 새로운 것을 배우고 실천하는 가장 효과적인 방법은 일단 저질러보는 것이다.

제대로 사랑하고, 사랑받고 싶다면

-나만 사랑하는 뇌 길들이는 그림

그림 20.

마음 따로, 행동 따로?
우리 이대로 따로따로!

~

사랑은 행동이다

사랑에 빠져 서로만 눈에 들어올 시기에는 누구나 자기 콩팥이라도 내어줄 것처럼 행동한다. 늘 칭찬을 아끼지 않고, 선물 세례를 퍼붓고, 분위기 있는 레스토랑에 데려가 저녁 식사를 대접한다. 하지만 몇 년이 지나면 달라진다. 어떤 커플은 오늘이 어제 같은, 진부한 일상에 갇혀버린다. 이런 커플은 상대방에 대한 불평과 하소연을 일삼는다. 그 불평이 타당하든 아니든 사람들은 굉장히 중요한 다음의 사실을 잊곤 한다.

누군가를 만날 때 매번 특정한 감정을 느끼면
무의식중에 상대를 그 감정과 연관 짓게 된다.

이는 노벨상에 빛나는 과학자 파블로프 Pavlov가 무려 백여 년 전에 이미 증명해 보인 사실이다. 심리학계에서 가장 유명한 실험 중 하나인 바로 그 실험에서 말이다. 그에 따르면 개들에게 종소리를 들려준 후 곧바로 먹이를 주었더니 얼마 안 가 개들이 종소리를 먹이와 연관 지었고, 나중에는 종소리를 듣기만 해도 흥분하며 침을 뚝뚝 흘렸다.

개만 그런 게 아니다. 인간의 감정도 이 원칙에 좌우된다. 누구든 이전에 자신을 행복하게 해주었던 어떤 것을 마주하면 행복을 느낀다. 마찬가지로 무서운 기분을 느끼게 했던 어떤 것과 마주치면 두려움을 느낀다. 하지만 안타깝게도 인간관계에서는 이 원칙을 자꾸만 잊어버린다. 누군가에게 주기적으로 증오를 표출하면, 신경 체계는 상대방을 그 불쾌한 감정과 연관 짓기 시작한다. 한번 상대방을 증오의 감정과 연관시키면 당신만 사랑하고 영원히 당신만 바라보겠다던 그 사람의 맹세는 공허한 거짓말로 들린다. 상대방은 이미 당신의 신경 체계에 자동으로 두려움이나 증오를 불러일으키는 사람이 되어버렸기 때문이다.

당신에게 중요한 누군가가 당신과 마주할 때마다 어떤 감정을 떠올렸으면 좋겠는지 생각해보라. 당신이 매일 사소하지만 다정한 행동을 보여준다면, 파블로프의 개처럼 침을 흘리게 할 수는 없을지언정 당신을 볼 때마다 '함께 있으면 편안한 사람'으로 인식하게 할 수는 있을 것이다.

사랑은 행동으로 보여주는 것이다. 매일매일.
사랑은 동사다.

그림 21.

죽기 살기로 하는
포옹

~~~

감정이 시키는 것과 반대 행동 해보기

심리학계에 아주 오래되고 끈질기게 전해 내려오는 금언이 있다. 항상 자신의 감정에 충실하라는 조언이다. 이 빗나간 조언의 근거랍시고 제시하는 논리는 감정이 압력솥과 같다는 것이다. '감정은 분출구가 없으면 결국 폭발하고 만다!' 그러니 폭발을 막을 유일한 방법은 미리미리 감정을 분출시켜 압력을 낮추는 것이라고 훈계한다.

학자들은 이 가설을 과학적 연구를 통해 아주 정밀

하게 분석했다. 그 결과, 어떤 대상이 '이러하다'고 생각하고서 행동할수록 점점 더 그 추정이 사실로 굳어진다는 사실이 밝혀졌다. 나를 화나게 한 상대에게 소리를 질러봤자 화가 가라앉기는커녕 오히려 더 화가 나는 것을 생각하면 금방 이해가 갈 것이다.

그렇다고 감정을 무시하라는 얘기는 물론 아니다. 그보다는 감정을 조금 누그러뜨리는 게 도움될 때가 많다는 뜻이다. 감정을 폭발시키고 싶을 때 가장 좋은 전략은, 심리학자들이 "반대 행동 요법"이라고 부르는 것을 실천해보는 것이다. 감정이 시키는 것과 정반대로 행동해보는 것을 말한다. 배우자에게 짜증이 난다면 그를 꼭 안아줘보라. 연구에 따르면, 이렇게 하면 상대방에게 계속 화난 채로 있기 힘들다. 물론 배우자도 똑같이 화난 상태라면 포옹이 역효과를 불러올 수 있다. 그러나 목적이 자기 감정의 방향을 돌리는 데 있다면 이는 아주 훌륭한 접근법이다.

특히 커플 상담에서, 이렇게 즉각적이고 부정적인

감정의 고삐를 당기는 전략이 짜증을 가라앉히고 긴장이나 갈등 상황을 해소하는 데 상당히 효과적이라는 점이 밝혀졌다.

누군가에게 더는 화내기 싫다면,
그 사람을 꼭 안아주라!

공포도 같은 식으로 다루면 된다. 나를 집어삼킬 듯한 공포감을 느낄 때, 최선의 전략은 그 감정이 시키는 것과 반대로 해보는 것이다. 도망가지 말고 두려움을 직시하라는 말이다.

그림 22.

아이를 반으로
가르는 지혜?

~~~

어른들의 싸움에 아이가 휘말릴 때

아이를 둔 부부 관계가 깨질 때 부수적으로 따라오는 가장 가슴 아픈 결과는 자녀들이 그 사이에서 상처를 받는 것이다. 왜냐하면, 자녀들은 상처를 피할 힘도 상처를 다룰 요령도 부족하기 때문이다.

» 부모와 다르게 자녀들은 자신이 처한 상황을 좌지우지할 힘이 없다.

» 부모와 다르게 자녀들은 부모가 갈라서는 대가를 짊어질 책임이 없다.

» 부모와 다르게 자녀들은 자신의 의지와 관계없이 내동댕이쳐지는 감정의 소용돌이에 제대로 대처할 능력이나 경험이 부족하다.

그런데도 어른들이 갈라서면서 상대를 괴롭히는 수단으로 아이를 이용하는 경우가 절대 드물지 않다. 그러므로 별거나 이혼이라는 선택이 자녀에게 어떤 영향을 줄지 미리 염두에 두는 것이 굉장히 중요하다. 갈라서는 상대가 세상 모든 고통을 다 겪어 마땅한 인간이라 해도 말이다.

그뿐 아니라 만약 헤어진 파트너에게서 자녀를 만날 기회를 박탈하려 든다면, 여기서 잃는 게 가장 많은 사람은 다름 아닌 자녀가 되리라는 것도 명심해야 한다. 마찬가지로, 헤어진 파트너의 재정 상태가 악화하면 자녀도 그 힘든 시기를 함께 감내해야 한다. 내가 헤어진 파트너를 비방하고 다니면 그 사람의 사회생활뿐 아니라 자녀의 사회생활도 엉망진창이 된다.

어떤 이들은 적당히 굴러가는 인간관계를 유지하기만 해도 자신이 정신적으로 성숙한 사람이라고 생각한다. 그러나 그보다 더 진실한 테스트는 누군가와 헤어지는 과정에서 어떻게 행동하는가에 달렸다. 쭉정이가 가려지는 것이 바로 이 시기이다. 그전까지 누가 누구에게 어떤 잘못을 했건 헤어지는 과정에서 차분하고 분별 있는 태도를 보인다면 당신은 훨씬 성숙한 사람이 되는 것이다.

그림 23.

꽃병을
왜 깨뜨렸어?

～

"왜"라는 비열한 단어

가까운 사람이 저지른 일 때문에 짜증이 날 때 흔히
"왜 그랬어?"라고 따져 묻는다.

» 내가 제일 아끼는 꽃병을 왜 깨뜨렸어?

» 왜 설거지 한 번도 안 도와줘?

» 왜 내가 하는 말은 항상 흘려들어?

이런 식의 질문은 언뜻 논리적인 것처럼 들린다. 어떤

일이 '왜' 일어났는지 이해하면 앞으로 그런 일이 또 일어나는 걸 막을 수 있으니까. 하지만 불행히도 이는 별로 효과적인 접근법이 아니다. "왜"라고 묻는 것은 그 상대방이 어떤 명료한 사고의 흐름에 따라 문제의 행동을 저질렀다고 전제하는 것이다. 하지만 그렇게 뚜렷한 사고 절차에 따라 문제 행동을 하는 사람은 거의 없다.

당신의 자녀는 당신이 아끼는 화병을 일부러 깬 게 아니다. 당신의 배우자는 당신이 쓸모없는 인간이 된 기분이 들게 하려고 일부러 가사를 다 떠맡긴 게 아니다. "왜 그랬어?"라는 질문에 돌아올 대답은 말도 안 되는 핑계나 분노에 찬 대꾸밖에 없다. 아이는 개가 화병을 깨뜨렸다고 둘러댈 것이고, 배우자는 다른 문제를 걸고넘어지면서 언쟁을 벌일 것이다.

그보다 훨씬 나은 대안은 마음에 걸리는 일에 관해 이야기하고 그 일 때문에 어떤 기분이 들었는지 명확히 전달하는 것이다. 아이는 자신이 실수를 저질렀음을 분명히 알고 있을 것이다. 그러니 굳이 혼낼 필요가 없다. 차라리 위로를 해주는 게 낫다. 한참 후 상황이 진정되었을 때 '집 안에서는 공놀이를 하면 안 된다'는 규칙을 상기시키면 된다. 배우자에게는 현재 가정에서 자신이 처한 상황이 자신에게 어떤 영향을 주는지 이야기하고 둘이 함께 이를 변화시킬 방법을 모색하면 된다.

인간관계에서 보통 "왜"는 비열한 단어다. "왜"라고 묻는 대신 자신의 처지에서 상황이 어떻게 느껴지는지 설명하라. 화가 나거나 슬프거나 기분이 나쁜가? 지금 이 문제가 자신에게 어떤 식으로 영향을 주고 있는가? 상대방과 함께 이 문제를 어떻게 해결하고자 하는가?

그림 24.

한 대 맞기 싫으면
지금 당장 겁먹지 마!

~~~~

혼내면 무서워하는 걸 멈출 수 있나

살면서 누구나 두려움을 느낀다. 그중에는 이해가 되
는 두려움도 있고 통 영문을 모를 두려움도 있다. 그런
데 어떤 상황이 별로 위험하지 않다는 걸 알면서도 그
상황에 발을 들이기를 주저할 때가 종종 있다. 이 머뭇
거림에 대한 가장 설득력 있는 설명은 바로 우리의 뇌
가—과거의 경험 또는 지나치게 활발한 상상력 때문
에—그 상황을 위험하고 불편한 것과 연관 짓는다는
것이다. 뇌는 과거에 위협적이라고 판단했던 것을 기

억하는 기능이 몹시 탁월하다. 그래서 그 기억을 상기
시키는 일이 생길 때마다 그때의 불쾌감이 되살아나
기 쉽다. 어떤 이들은 이런 뇌의 작동이 사전차단이 거
의 불가능한 자동적 반응임을 알아채지 못한다. 이런
사람들은 겁이 더럭 나는 상황에 부닥치면 다음과 같
이 자신을 혼내거나 조롱하는 말을 퍼부어 감정을 통
제하려고 한다.

» 우는 소리 좀 하지 마!
» 정신 차려!

하지만 이런 방법은 자신을 점점 더 겁에 질리게 만들
어 기분만 더 나빠지게 하는 결과를 초래할 뿐이다. 그
렇게 되면 그다음에는 보통 어떻게 행동할까? 자신을
더 심하게 혼낸다!

　잔뜩 겁 먹은 아이를 윽박질러서 겁을 안 내게 만들
수는 없다는 것쯤은 누구나 안다. 그렇게 해봤자 아이

들은 더욱 겁에 질릴 뿐이다. 그런데 어른인 자기 자신이 뭔가를 겁낼 때 우리는 어떻게 하는가? 대개는 자신에게 눈곱만큼의 자비도 보여주지 않는다.

겁을 내거나 불안해하는 자신에게 또다시 잔인한 말을 퍼붓고 있다는 것을 깨달았을 때는 즉시 멈추고 이렇게 물어보라. 자신을 그렇게 대우하는 게 자신에게 조금이라도 도움이 되는가? 두려움을 가라앉히는 더 나은 방법은 없는가?

자신을 다그치는 방법으로 두려움을 없앨 수 없다면, 두려움을 느낀다는 사실을 그냥 받아들이는 것이 낫다. 두려움을 마법처럼 단숨에 없애줄 비결은 존재하지 않는다.

다른 한 가지 방법은 겁이 나더라도 꾹 참고 자신이 해야 할 일을 하는 것이다. 그게 쉽냐고? 당연히 쉽지 않다. 하지만 앞으로 나아가는 방법이 그것뿐인 걸 어쩌랴!

그림 25.

화초가 시드는 게
화초의 잘못인가?

~~~

모든 것은 양질의 토양이 있어야 잘 자란다

하는 일이 잘 안 풀리거나 인간관계에서 만족감을 느끼지 못할 때 대개는 모든 게 자신의 잘못이라고 생각한다. 문제의 원인이 전적으로 자신에게 있다고 보는 것이다.

반대의 경우도 마찬가지다. 자신의 주위에 엄청나게 잘나가는 사람이 있으면 그 사람이 유독 잘나서 그런 거라고, 그 사람이 이룬 업적은 그가 타고난 자질들 덕분이라고 덜컥 믿으려는 심리가 있다. 심리학에서는 이를 "근본적 귀인 오류"라고 한다. 한마디로, 어떤 사람의 행동을 보고 저 사람이 "원래" 저런 사람이라서 그렇게 행동하는 거라고 치부하는 사고다.

여기서 쉽게 간과하게 되는 점은 인간의 행태를 가장 크게 좌우하는 것이 바로 그 사람이 처한 상황이라는 사실이다.

화초가 꽃을 활짝 피우려면 주인이 잘 돌보아줘야 한다. 화초가 시드는 것은 화초가 스스로 힘을 내지 않아서도 아니고, 화초가 나쁜 태도를 보여서도 아니다. 주인이 물을 잘 안 줘서, 아니면 화분의 흙이 형편없어서 시드는 것이다.

사람도 자신을 둘러싼 세계나 상황이 뒷받침해주지 않으면 꽃을 피울 수 없다. 양육자가 아이에게 기대와 칭찬을 적절히 섞어 대해주지 않으면 그 아이는 제대로 발달하지 못한다. 회사가 보람 있는 업무와 직원을 배려하는 작업 환경, 적절한 급여를 제공하지 않으면 직원은 점점 기운을 잃어간다. 친밀한 인간관계에서도 성장을 촉진해줄 좋은 토양이 공급되지 않으면 역시나 같은 결과가 나타난다. 둘 중 한 사람이 시들기 시작하는 것이다.

자기 자신뿐만 아니라 다른 누군가가 영 마뜩잖아 보일 때, 이 점을 상기하라.

우리 모두 양질의 토양이 있어야 쑥쑥 자랄 수 있다.

뇌는 단순하고,
인생은 복잡하다

-한 치 앞만 보는 뇌 길들이는 그림

그림 26.

얌전히 앉아 있으면
다음 주에 뼈다귀 줄게!

～～

인간의 뇌는 원래 단기적 사고를 선호한다

거의 모든 인간에게 해당하는 현상 중 하나는 바로 지나치게 단기적 결과만 보고 행동하는 것이다.

» 작년에 산 수영복을 멋지게 소화하기 위해 군것질을 줄이겠다던 맹세를 까맣게 잊고, 앉은 자리에서 과자 한 봉지를 다 먹어치운다.

» 일주일 뒤에 있을 중요한 수학시험에 대비해 남은

시간을 전부 공부하는 데 써도 모자랄 판에 예전에
봤던 영화를 또 보고 있다.

» 다음 주에 월세로 낼 돈이라는 걸 알면서도 그걸로
수십만 원짜리 재킷을 산다.

이렇듯 당장 눈앞의 유혹에 미래의 일을 미래의 자신
에게 떠넘겨버리는 예는 무궁무진하다.

재미있는 사실은 우리가 이 현상을 반대의 관점에
서는 좀처럼 생각해보지 않는다는 것이다. 인간은 어
째서 장기적 이해에 부합하도록 행동하는 게 가능한
걸까? 지구에서 살아가는 다른 생물들을 관찰해보면
하나같이 늘 단기적 보상을 노린 행동만 한다. 이를테
면 배가 고플 때 먹음직스러운 것을 발견하면 가서 덥
석 먹어버린다.

당신의 반려견에게 다음 주에 뼈다귀를 줄 테니 얌
전히 있으라고 해보라. 개가 사람이 하는 말을 못 알아듣는 것은 둘째 치고, 그 녀석은 다음 주에 주어질 보상을 위해 지금 당장 뭔가를 참는다는 건 상상도 못 할 것이다. 하지만 인간은 어떤 행동의 보상이 미래의 어느 시점에 주어진다고 해도 지금 그 행동을 실천할 수 있다는 점에서 특출하다. 심지어 그 보상이 다음 주는 커녕 몇 세대 후에나 이루어질 행동이라 해도 말이다.

우리네 인생은 일시적 보상과 장기적 보상 사이에서 끊임없이 갈등하는 순간들로 채워진다. 당신이 가끔은 일시적 쾌락을 택한다고 해서 자신을 질책하거나 너무 좌절할 필요는 없다. 다만 자신에게 중대한 문제에 관해서라면, 앞으로 어떤 인생을 만들어가고 싶은지 진지하게 고민해보고 그에 맞춰 행동해야 한다. 미래를 그려볼 줄 아는 인간 고유의 능력을 한껏 활용하는 것이다. 하지만 가끔은 자신에게 너그럽게 구는 것도 잊지 말자. 우리도 지금 당장 맛있는 간식을 먹고 싶은 동물이니까!

그림 27.

거대하게 불어난
눈덩이 굴리기

~~

일을 너무 크게 벌이는 데 따르는 부담

누구든지 대부분 어떤 일을 완수해내는 것을 힘들어한다. 아예 시작을 못 하기도 하고, 중간에 포기하기는 더욱 쉽다. 간혹 과제를 완전히 해낸다 해도 너무 긴 뜸 들이기 단계를 거쳤거나, 그게 아니라도 마감을 넘기는 경우가 허다하다. 근본적인 문제는 우리가 "시작할 때가 됐어" 하는 기분이 들 때까지 하염없이 기다리는 것이다. 그런 기분이 들어야만 비로소 일을 시작한다. 하지만 많은 경우 주어지는 과제가 어렵고 힘들

뿐만 아니라 더욱 유혹적인 대안이 손만 뻗으면 닿을 거리에 널려 있기에, 매번 시작을 못 하고 뭉그적거린다. "일할 기분"이 안 든다는 핑계를 대면서.

이렇게 세월아 네월아 미루던 일을 드디어 마음먹고 시작한다 치자. 그러면 그동안 흘려보낸 시간을 상쇄하려고 한 번에 너무 많은 작업을 하려 든다. 안됐지만 이런 방식은 거대한 눈덩이를 굴리면서 나아가려는 것과 똑같다. 물론 뭉그적거린 시간이 길면 길수록, 앞으로 해치워야 할 일이 도저히 감당하지 못할 정도로 쌓여 있을 것이다. 그렇다면 그 눈덩이는 이미 너무 커져서 잘 굴러가지 않게 마련이고, 그래서 또다시 할 일을 미루는 악순환에 빠진다.

그러니 할 일을 미루고 또 미루다가 마침내 시작했다면, 최소한 이제는 시작했다는 사실에 기뻐해도 좋다. 작업 기간을 길게 잡고 거기에 맞춰 일거리를 작은 단위로 쪼개 분산하라. 그런 다음 일을 꾸준히 그리고 체계적으로 해나가기만 하면 태산처럼 거대하게 느껴

졌던 작업량도 조금씩 줄어들어 어느새 굴리기 좋은 크기로 작아져 있을 것이다.

그러니까 제발 눈덩이를 작게 빚어 굴리고, 하나하나 굴리는 데 성공할 때마다 자신에게 칭찬을 아끼지 말라.

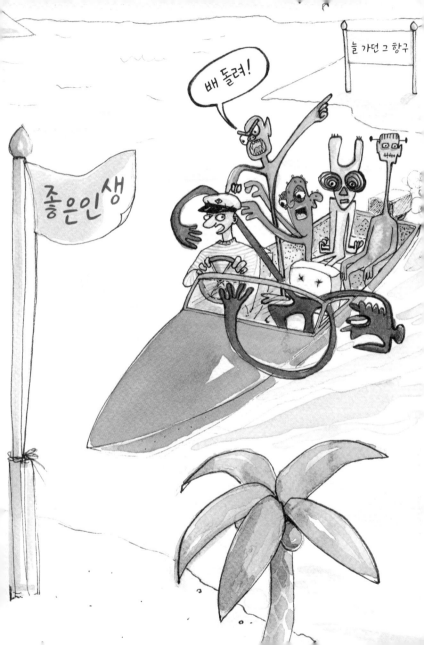

그림 28.

조타실에 난입한
무임승객들

~~~

당신 인생의 방향을 정하는 건 누구인가?

누구나 일생일대의 중대한 일을 이루기 위해 얼마든지 불쾌한 장애물들을 뛰어넘을 힘이 있다. 하지만 그 힘을 발휘하기 전에 먼저 자신이 올바른 방향으로 가고 있는지를 확인할 필요가 있다.

인생에서 어떤 방향이 최선인가는 각자 스스로 알아내야만 한다. 어떤 이들에게는 직업과 관련해 인생 항로를 결정하는 것이 가장 중요한 문제다. 그런가 하면 인류를 위해 세상을 변화시키고 싶어 하는 이들도 있다. 또 사랑하는 사람을 위해서라면 빗발치는 포화마저 기꺼이 받아낼 각오가 되어 있는 부류가 있는가하면, 그 정도까지는 할 마음이 없는 부류도 있다. 그러니 각자 맞는 길을 찾으려면 자신이 가장 강하게 이끌리는 것이 무엇인지 스스로에게 질문해봐야 한다. 나는 어떤 일에 열정이 불타오르는가? 나는 어떤 일에 흥분하는가?

대부분은 자신의 인생에서 가장 중요한 것이 뭔지 충분히 파악할 수 있지만, 고민을 해보려 해도 온갖 잡생각이 떠올라 헤매게 되는 경우도 많다. 인생 항로 찾기를 가로막는 잡생각은 어떤 형태로든 나타날 수 있다. 내가 능력이 부족하면 어쩌나 하는 걱정, 남들이 나를 어떻게 볼까 하는 걱정, 고민을 내일까지 혹은 내년까지 미루면 어떨까, 아니면 아예 안 하면 어떨까 하는 충동이 번번이 들어 생각을 명료히 이어가지 못하게 방해한다. 이런 잡생각들은 우리가 인생의 여로를 나아갈 때 기껏해야 짐만 될 뿐이다.

인생이 배를 타고 가는 여행이라고 가정해보자. 위와 같은 잡생각들은 배를 몰고 가는 길에 중간중간 태우는 무임승객들이다. 이 승객들은 이러쿵저러쿵 여행에 트집을 잡으면서 선장이 항로를 이렇게 또는 저렇게 수정해야 한다고 훈수를 둔다. 당신을 대신해 그들이 항로를 결정하도록 일일이 잔소리를 들어주거나 아니면 그들을 상대하는 데 기운을 소진해버리면 얼마 못 가 배가 좌초하거나 아니면 엉뚱한 항구에 배를 정박시키고 말 것이다.

자신의 인생이 어떤 항로를 따라 나아가기를 원하는지 진지하게 고민해보라. 항로를 정했으면 그 궤도에서 이탈하지 말고 그대로 운항해가라. 무임승객들은 마음대로 떠들게 내버려두고, 그저 우리 자신이 원하는 방향으로 배를 몰아가면 된다. 타륜을 잡은 건 바로 당신이니까!

그림 29.

파티에 가면 꼭 하나씩
있는 주정뱅이

~~~

모든 것을 통제하려고 들면 반드시 잃는 것이 있다

친한 친구들만 초대해 파티를 연다고 상상해보자. 모두가 즐거운 시간을 보낼 수 있도록 몇 달 전부터 신중하게 기획한 파티다. 좋은 와인에 맛있는 음식, 감미로운 음악까지 모든 게 완벽하다.

그런데 알코올중독인 옆집 여자가 초대장도 없이 뻔뻔하게 들이닥친다. 보통 때는 그럭저럭 괜찮은 사람이지만 술만 마셨다 하면 민폐를 끼치는 여자다. 아니나 다를까, 그녀는 와인을 몇 잔 들이붓고는 부적절

한 주제를 가지고 큰 소리로 떠들어대는가 하면 전등
갓을 모자처럼 머리에 뒤집어쓰기도 하고, 하여간 온
갖 추태를 부린다.

저러다 무슨 사고라도 칠까 봐 초조해진 당신은 그
녀의 일거수일투족을 감시하기 시작한다. 우선 그녀
가 가는 데마다 졸졸 쫓아다닌다. 그녀가 당신의 친구
들과 대화라도 하려 들면 얼른 막아선다. 급기야는 그
여자를 당신 집에서 끌어내려고 한다. 당연히 번번이
제지당한 이웃 여자는 슬슬 짜증을 내기 시작하고, 점
점 더 다루기 힘들어진다. 파티는 이웃 여자가 누군가
에 시비를 걸어 싸움을 벌이고 고래고래 소리를 지르
면서 막을 내린다. 애써 준비한 파티가 결국 아수라장
으로 끝났다.

그런데 만약 당신이 이웃 여자가 무슨 짓을 하든 내
버려두고 그녀가 주접을 떨든 말든 어깨만 으쓱하고
말았다면 어떻게 되었을까? 아마도 그녀는 어김없이
추태를 부렸겠지만, 그러다 지쳐 소파 뒤편 바닥에서

잠이 들었을 것이다. 그러는 동안 당신과 손님들은 '오늘도 저 여자는 어김없이 망신을 당하는군' 하고 중얼거리고는 각자 파티를 즐겼을 것이다.

싫어하는 일과 맞닥뜨렸을 때 그 상황을 잘 넘기는 비결은 그것을 통제하려 드는 것보다는 너무 애쓰지 않는 것에 있다. 세상에는 우리가 전혀 통제할 수 없는 것들도 있다. 그 외에 다른 것들, 예로 든 것처럼 만취한 손님 같은 것은 통제하려 하면 할수록 더 제멋대로 날뛸 뿐이라는 점을 명심하자.

때로는 해결책이라 믿는 것,
즉 통제하려 드는 것이 더 문제가 된다.

그림 30.

자기 머릿속에 콕 틀어박힌 사람

~~~

현재를 살지 않으면 놓치게 되는 것들이 있다

인간에게 주어진 가장 위대한 선물은 직접 경험하지 못한 것을 상상하는 능력이 아닐까 한다. 바로 이 능력이 인간을 지구상의 다른 모든 동물과 차별화된 고유한 존재로 만들어준다고 주장하는 이들도 있지 않은가. 이 특별한 능력 덕분에 인간은 미래를 위한 계획을 세우고, 과학적 가설을 세우고, 우리를 순식간에 다른 세계로 데려가주는 놀라운 소설을 쓴다. 이런 능력이 없었다면 문명도 없었을 것이다.

하지만 동시에 이 능력은 인간에게 내려진 최악의 저주이기도 하다. 거의 모든 것을 상상할 수 있는 이놈의 능력 때문에 인간은 일어날 수도 있고 일어나지 않을 수도 있는 일들—예를 들면 죽을병에 걸리거나 재난이 닥쳐 피해를 보거나 5년 안에 직장에서 잘릴 가능성 등—을 걱정한다. 그뿐이랴. "나는 누구인가?" "인생의 의미가 뭘까?" 같은 존재론적 고민에 빠지기도 한다.

이러한 유형의 생각이 유난히 감당하기 힘들 때가 있다. 그런 생각들이 일상 전체를 집어삼키는 것처럼 느껴질 때다.

이렇듯 자신의 머릿속 생각들에 갇혀 너무 많은 시간을 보내면 그 순간 존재하는 삶을 놓칠 수밖에 없다. 주변에서 일어나는 온갖 경이로운 일들을 놓치고 마는 것이다.

그럴 때는 이렇게 해보자. 공원을 산책하면서 오감이 포착하는 것에 최대한 오래 신경을 집중해보자. 무엇이 보이는가? 어떤 소리가 들리는가? 어떤 냄새가 나는가? 어떤 감각이 느껴지는가?

처음에는 쉽지 않을 것이다. 부지불식간에 머릿속에 떠오르는 잡생각에 주의가 흐트러질 것이다. 내일 회사에서 처리해야 할 업무가 떠오르고, 아니면 당장 들려오는 소리 혹은 시야에 잡히는 것들에 짜증이 솟구칠 수도 있다.

하지만 주의를 기울여 계속 시도하다 보면 조금씩, 지금 이 순간 경험하는 것에 집중하는 법을 터득하게 된다. 그러니 생각이 사방으로 뻗어나갈 때는 그런 일이 일어나고 있음을 자각하고 이내 단호하면서도 부드럽게, 현재에 다시 의식을 집중하라.

지금 일어나고 있는 일이 곧 당신의 인생이다.

그림 31.

다리가 하나뿐인 의자 위에서 균형 잡기

~~~

삶의 토대가 불안정한 당신에게

인생에서 좌절을 겪을 때 극복할 수 있느냐 없느냐는 살면서 인생의 광범위한 영역을 경험해봤느냐 아니냐로 결정되기도 한다.

평소 다양한 영역에 발을 담가보았다면 살면서 어떤 상실을 겪어도 우직하게 견뎌낼 수 있다. 이런 사람은 직업적으로 잘나가다가 갑자기 슬럼프에 빠져도 가족과 친구들, 아니면 다른 관심사에서 다시 힘을 얻는다. 전부 인생에 의미를 더해주는 것들이다. 배우자가 갑자기 떠나버려도, 삶의 다른 많은 부분에서 위로가 되어주는 것을 찾을 수 있다.

달걀을 모조리 한 바구니에 담으면 한 가지 불행이 엄청난 재앙으로 다가올 수 있다. 직업적 성취에 모든 것을 바치며 살아온 사람은 회사에서 잘리는 것만으로 인생 전체가 무너지는 기분이 들 것이다. 사랑에 눈이 멀어 친구고 취미고 다 버리고 결혼에 모든 것을 건 사람은 배우자와 사소한 다툼을 벌여도 자기 존재의 근간이 흔들리는 듯한 충격을 맛본다.

그런데 삶의 토대가 불안정하면 크고 작은 변화에 취약해지기만 하는 게 아니다. 삶에서 누리는 자유 역시 축소된다. 달걀을 모두 한 바구니에 담은 것과 같기에, 바구니의 안전을 위협할 법한 어떤 일도 시도하지 않게 되기 때문이다.

한쪽으로 치우친 삶을 사는 사람은 지금 당장은 일이 잘 풀리고 있더라도 언제든 사소한 일 하나가 틀어져 모든 것을 망칠 수 있다는 막연한 불안감을 떨쳐내기 어렵다. 이런 사람은 늘 초조해하면서 지나치게 조심스럽게 굴기 때문에 자신의 능력을 제대로 발휘하지 못하는 경향이 있다. 인생의 한 부분에만 치중하는 태도가 가져다주는 서글픈 대가는 삶에서 부닥치는 예측불허의 갖가지 변화에 훨씬 취약하다는 점 외에도, 자신의 모든 역량을 집중시킨 그 단 하나의 분야에서조차 성공할 가능성이 줄어든다는 점이다.

인생을 의자에 비유해보자. 의자 다리 네 개가 단단히 바닥을 딛고 있으면 의자에 앉았을 때 안정감이 든다. 그러나 의자 다리가 두 개뿐이라면, 혹은 아예 다리가 하나밖에 없다면, 그 의자 위에서는 늘 불안정한 채로 아슬아슬하게 걸터앉아 있을 수밖에 없다. 바닥에 내동댕이쳐지는 건 시간문제다!

그림 32.

'당신의 인생' 출연진:
당신 빼고 모조리 다!

~~~

타인만을 위해 사는 인생의 주인공은 누구일까?

인생이 버겁고 무의미한 짐으로만 느껴진다면, 그것
은 자신의 인생이 어땠으면 좋겠는지 진지하게 고민
해본 적이 없어서일 것이다. 사실 이런 질문을 한 번도
던져보지 않은 채로 살아가는 사람들이 꽤 많다. 그런
데 진짜 문제는 자기 스스로 결정하지 않으면 인생의
결정권을 남이 가져간다는 것이다.

우리 주위에는 끊임없이 타인의 관심을 요구하고
기운을 빼앗는 사람들이 넘쳐난다. 물론 가깝고 소중

한 이들을 돌보는 건 큰 희생이 아니라고 생각할 수 있지만, 자신에게 필요한 것과 남에게 해줄 수 있는 것 사이에 균형을 찾지 못하면 누구든 자기 자신을 잃을 위험에 처하고 만다.

누구나 가족과 친구들이 힘들어할 때, 혹은 직장동료가 곤경에 처했을 때 그들에게 도움을 주며 살기를 원한다. 그뿐인가. 인간 사회 전체에 보탬이 되어야 한다고 생각하는 사람도 많다. 그 와중에 광고와 신문, TV 등 각종 미디어까지 끼어들어 삶에서 무엇을 우선시해야 하는지를 제각기 떠들어대며 주입하려 든다. 이 모든 것을 전부 주워섬기면 대가리 없는 닭처럼 방향도 없이, 모두의 기대를 충족시키려 허둥지둥 뛰어다니게 될 것이다.

그럼 결국 우리의 인생은 어떻게 될까? 제 발로 불행한 삶으로 걸어 들어가는 것이다.

최악의 시나리오는 그렇게 불행해진 사람이 결국 삶의 의욕을 잃는 것이다. 그 시점에 이르면 곧 모든

것을 놓아버리게 된다. 자신을 위한 일도, 남을 위해
하던 일까지도 전부.

그러니 자기 인생의 줄거리를
남이 쓰게 내버려두지 말자!

살면서 중요하다고 생각되거나 흥미롭거나 재미난 일
들을 전부 다 해보지는 못하겠지만, 최소한 자신의 인
생을 어떤 에피소드로 채울지 스스로 결정할 기회는
누릴 수 있어야 하지 않겠는가.

이 책에 실린
은유 표현의 출처

~

70억 인구가 이 지구에 바글거리며 살아가는 지금, 하늘 아래 새로운 것이 없다는 말은 사실일 것이다. 자신만큼은 특별한 존재라고 우쭐하는 누구라도 그가 내놓은 아이디어는 분명 다른 누군가 이미 내놓았을 확률이 높다. 이 책에 실린 여러 은유 표현 역시, 그것이 다른 어디에서도 보지 못한 통찰이라고 감탄할 독자도 많겠지만, 사실은 내가 언제인지도 모르게 남이 한 말을 주워섬겼다가 그런 사실조차 까맣게 잊고 그대로 옮긴 것에 불과할 것이다.

일단 그 점을 전제로 한다 해도, 어쨌든 이 책에 쓰인 32개의 은유 표현 중 거의 대부분은 내가 마음 치유의 목적으로 직접 가져온 것이다. 물론 몇 가지는 상상력이 풍부한 내 동료들과 친구들에게서 들은 것이고 또 다른 몇 가지는 내가 읽은 책에서 발견한 것 아니면 동료 상담심리사들의 제안을 발전시킨 것이지만 말이다.

"불안과의 줄다리기" 은유는 수용전념치료에서 흔히 사용되는 개념이며, 해당 치료 분야에서 최초의 전문서이자 가장 중요한 저서인《수용전념치료*Acceptance and Commitment Therapy*》(Hayes, Strosahl and Wilson 공저, 1999)를 비롯해 수많은 저서에 등장한다. (구덩이에서 빠져나가려고 삽질을 계속하는 남자를 다루는) "구덩이에 빠진 남자"와 (파티의 주정뱅이를 다루는) "주정뱅이 조Joe" 일화 역시 같은 책에 등장한다.

"조타실에 난입한 무임승객들"은 수용전념치료에서 역시 잘 알려져 있는 "버스 승객들" 은유에서 따온 것이다. 하지만 내가 생각하기에 "조타실에 난입한 무임승객들"이 더 나은 표현인 것 같다. 사람들은 누구나 기나긴 인생 여정에서 간간이 무임승객을 태우지만, 그들 대부분은 달갑지 않은 승객인 걸 떠올려보면 말이다.

"어른인 '나'가 아이인 '나'를 다독여주기"는 상당히 오랫동안 상담사들이 치료에 사용해온 은유다. 이것은 심리학자 셰어스틴 틸포르스^{Kerstin Tilfors}에게서 처음 들었다.

"끝없이 이어지는 탁구"는 스웨덴의 인지행동치료 분야 최고 권위자이자 저술가 중 한 명인 올레 바스트렘^{Olle Waström}에게서 사용해도 좋다는 허락을 받았다. 이 은유는 그의 훌륭한 저서 《생각을 내려놓고 곱씹지 마라*Quit Ruminating and Brooding: It is easier to do with Cognitive Behavior Therapy(CBT)*》에도 등장한다.

"사자가 다가오지 못하게 제자리에서 팔짝팔짝 뛰기"는 내가 어렸을 때 섭렵한 만화책들에서 분명 여러

버전으로 접한 적 있는 은유다. 그것을 상담치료에서 은유로 사용하라고 귀띔해준 분은 훌륭한 심리학자이자 내가 상담심리사로 첫발을 내디딘 몇 년 동안 나를 지도해준, 주^{Hju} 지역에 기반을 두고 활동하는 브리트 에릭손 레멜^{Britt Eriksson Lemel}이었다.

"화초가 시드는 게 화초의 잘못인가?"는 사랑하는 내 아내이자 동료인 마리나 야르비넨 카츠 ^{Marina Järvinen Katz}가 기꺼이 넘겨준 아이디어다.

"당신의 인생 극장: 출연진은 당신 빼고 다!"는 작가인 셰어스틴 다나스텐^{Kerstin Danasten}에게서 얻은 은유임을 밝힌다.

고마운 분들

~~~

- 작업 과정 내내 나의 고집스러운 지시를 흔들림 없
  는 프로다운 태도로 다 받아주고 그러면서도 환상
  적인 일러스트를 탄생시켜준, 이 책의 삽화가 이본
  스벤손 Yvonne Svensson.

- 천재 수준의 언어구사력을 지녔으며, 끊임없이 징
  징대고 자꾸 일을 미루는 내게 줄곧 의욕을 북돋워
  준 나의 아내 마리나.

- 관계의 틀을 사고에 적용하는 인간의 능력 없이도
  얼마든지 무한정 사랑을 베풀 수 있다는 가설의 산

증거인 우리 집 미니어처 푸들 플롭시.

- "그림 우월효과"라는 것을 슬쩍 알려주신, 룬드 Lund 의 라르스-군나르 룬드 Lars Gunnar Lundh 교수님.

- 레이아웃이 다 나온 뒤에도 수차례 변경을 요구한 나를 이해하고 끝까지 작업해준 그래픽 디자이너 존 아이어 John Eyre.

- 이 책을 내준 스웨덴의 라르스 스트렘 Lars Ström 사社.

- 나의 동료이자 그 이전에 나의 멘토이기도 했던 산 드라 베이츠 Sandra Bates.

- 불굴의 연구 정신으로 상담심리 치료를 "유사과학" 에서 과학으로 격상시킨, 수없이 많은 학자들.

- 이 알짜배기 지식을 대중에게 알리려 애쓰는 스웨 덴 회의주의자 협회 Vetenskap och Folkbildning(대중에게 과 학적 연구방법과 과학적 사고에 대한 이해를 고취할 목적으 로 활동하는 스웨덴의 비영리 기구 – 옮긴이주).

이분들께 깊은 감사의 마음을 전한다.

참고문헌

~

Adams, C. E., & Leary, M. R. (2007). Promoting Self-Compassionate Attitudes Toward Eating Among Restrictive and Guilty Eaters. *Journal of Social and Clinical Psychology 26.10*, 1120-1144.

Andersson E., Hedman E., Wadström O., Boberg J., Yaroslav Andersson E., Axelsson E., Bjureberg J., Hursti T., & Ljótsson B. (2016). Internet-based extinction therapy for worry: A randomized controlled trial. *Behavior Therapy* (in press).

APA (1995). *Mini-D IV Diagnostiska kriterier enligt DSM-IV*. Danderyd: Pilgrim Press.

Bates, S., & Grönberg, A. (2010). *Om och om och om igen*. Natur & Kultur, Stockholm.

Blenkorion, P. (2005). Stories and Analogies in Cognitive Behavior Therapy: A clinical Review. *Behavioural and Cognitive Psychotherapy, 33*, 45-59.

Clark, D. M. (1986). A cognitive approach to panic. *Behaviour Research and Therapy. Vol. 24, 4*, 461-470.

Clark, D. M., & McManus, F. (2002). Information processing in social phobia, *Biological Psychiatry, Vol 51, 1*, 91-100.

Dewald, P.A. (1995). *Dynamisk Psykologi*. Natur & Kultur, Stockholm.

Foa, E. B., Hembree, E. A., Cahill, S. P., Rauch, S. A. M., Riggs, D. S., Feeny, N. C., & Yadin, E. (2005). Randomized trial of prolonged exposure for posttraumatic stress disorder with and without cognitive restructuring: Outcome at academic and community clinics. *Journal of Consulting and Clinical Psychology, Vol 73*(5), 953-964.

Foa, E. B., Davidsson, J. R., & Frances, A. (1999). The expert consensus guideline series: Treatment of posttraumatic stress disorder. *Journal of Clinical Psychiatry, 60* (Suppl.16), 1-76.

Gamow, G. (1986). *Thirty Years That Shook Physics*. Dover Publications, New York.

Hayes, S. C., Barnes-Holmes, D., & Roche, B. (2001). *Relational Frame Theory*. Kluwer Academic/Plenum, New York.

Hayes, S. C., Strosahl, K., & Wilson, K. G. (2011). *Acceptance and Commitment Therapy, 2nd ed. The process and practice of mindful change*. Guilford Press, New York.

Kabat-Zinn, J. (1997). *Vart du än går är du där. Leva i nueten meditationshandbok*, Forum, Stockholm.

Karlsson, P. (2010). *Beteendestöd i vardagen. Handbok i tillämpad beteendeanalys*. Natur & Kultur, Stockholm.

Katz, D. (2003). Om fega simhoppare, korkade ödlor och andra metaforer ··· *Beteendeterapeuten, nr 4*, 2003.

Kolb, B., & Whimshaw, I. Q. (1996). *Fundamentals of Human Neuropsychology*, 4th ed. Freeman, New York.

Lakoff, G., & Johnson, M. (2003). *Methaphors we live by*. The University of Chicago Press, Chicago.

Leary, D. E., (ed.). (1990). *Metaphors in the history of psychology*. Cambridge University Press, Cambridge.

Lieberman, D. A. (2000). *Learning*. Wadsworth, Belmont.

Linehan, M. M., (2015). *DBT Skills Training Manual*. Guilford Press, New York.

Lynn, S. J., Lock, T., Loftus, E. F., Krackow, E., & Lilienfeld, S. O. (2003). The remembrance of things past: Problematic memory recovery techniques in psychotherapy. In S. O. Lilienfeld, S. J. Lynn, & J. M. Lohr (Eds.), *Science and pseudoscience in clinical psychology* (pp. 205–239). Guilford, New York.

Mayou, R. A., Ehlers, A., & Hobbs, M. (2000). Psychological de-briefing for road and traffic accident victims. *British Journal of Psychiatry, 176*, 589–593.

McCurry, S. M., & Hayes S. C. (1992). Clinical and experimental perspectives on metaphorical talk. *Clinical Psychology Review, Vol 12*, 763–785.

Öst L-G. (1989). One-session treatment for specific phobias. *Behaviour Research and Therapy. Vol. 27, 1*, 1–7

Otto, M. W. (2000). Stories and Metaphors in Cognitive-Behavior Therapy. *Cognitive and Behavioral Practice 7*, 166-172.

Ross, L. (1977). The intuitive psychologist and his shortcomings: Distortions in the attribution process. In Berkowitz, L. *Advances in experimental social psychology 10*. Academic Press, New York.

Ramnerö, J., & Törneke, N. (2006). *Beteendets ABC. Studentlitteratur*, Stockholm.

Sundel, M., & Sundel, S. (1999). *Behavior Change in the Human Services*. Sage, Thousand Oaks.

Wadström, O. (2007). *Sluta grubbla och ältalättare gjort med kognitiv beteendeterapi*. Psykologinsats förlag, Linköping.

Wegner, D. M. (1994). Ironic processes of mental control. *Psychological Review, Vol. 101. No. 1*, 34-52.

Wessely, S., Rose, S., & Bisson, J. (2000). A systematic review of brief psychological interventions(\"debriefing\") for trauma-related symptoms and the prevention of post-traumatic stress disorder (Cochrane review). In *The Cochrane Library*, Issue 1, Oxford.

Whitehouse, A. J. O., Maybery M. T., & Durkin, K. (2006). The development of the picture-superiority effect. *British Journal of Developmental Psychology, 24*, 767–777.

Wood, J. V., Perunovic, W. Q. E., & Lee, J. (2009). Positive thinking: Power for some, peril for others. *Psychological Science, 20*, 860–866.

옮긴이의 말

출판사에서 이 책의 번역을 맡기시면서 "지금 저한테 필요한 책 같아서 골랐어요"라고 말씀하시던 게 기억난다. 나는 그 자리에서 책을 훑어보고 이렇게 말했다. "선생님, 저한테도 필요한 책이네요." 나는 자신을 끊임없이 괴롭히면서 가뜩이나 힘든 인생을 더 힘들게 살아내는 사람이니까.

십여 년 전 캄보디아 여행을 다녀왔다. 그전까지 비행기 여행은 편도로 한 시간 남짓 걸리는 제주도와 일본 여행이 전부였다. 비록 이착륙 때마다 손마디가 하얘지도록 팔걸이를 꽉 붙들긴 했지만, 한 시간을 버텨 냈으니 캄보디아로 가는 대여섯 시간도 버틸 수 있으리라 생각했다. 이륙하자마자 숨이 잘 안 쉬어지고 손발이 차가워질 줄은 정말로 몰랐다. 오는 길은 더 지옥이었다. 미리 겁을 집어먹었으니까.

이런 막연한 두려움 때문에 먼 나라에 못 가는 자신이 너무 답답했다. 왜 무서운지 따져서 뭐하랴. 계속 무서운데. 중요한 건 '이제 어떻게 하느냐'였다. 장거리 여행은 포기해야 하나 보다 좌절하던 차에, 그럼 단거리 여행으로 그 공포감에 익숙해지면 어떨까 하는 생각이 들었다. 정확히 말하면 공포에 익숙해진다기보다는 그 정도 공포감은 내가 통제할 수 있음을 확인하려는 것이었다.

일단 난이도가 낮은 제주도행으로 시작했다. 예상대로 쓸데없이 겁먹고 긴장한 순간은 있었지만, 아무 일도 일어나지 않았다. 이 '아무 일도 일어나지 않는다'가 나에게는 너무 중요했다. 왕복 두 시간의 제주행에서도, 가는 내내 몇 시간을 무서워서 벌벌 떨었던 캄보디아행에서도 결국 아무 일도 일어나지 않았다.

　미국행 비행기표를 끊은 건 이 책의 번역을 맡은 지 1년이 지난 시점이었다. 이번에도 기체가 난기류를 만날 때마다 팔걸이를 꼭 붙들었고 추락의 공포에 간간이 사로잡혔지만, '아무 일도 일어나지 않았던' 경험은 왕복 스물여덟 시간의 비행을 견디는 데 큰 힘이 되었다. 이제는 마치 기억에 근육이 붙듯, 극복의 경험을 체화해 적어도 인생의 어떤 난관들은 조금 더 수월히 뛰어넘을 수 있는 사람이 되었다.

　말했다시피 나는 자신을 괴롭히며 사는 사람이라, 누군가에게는 아무렇지 않을 일들이 몹시 힘들다. 이 책의 거의 모든 항목에 해당하는 사람이라고 할까. 혼자만의 생각에 잠기고, 해야 할 일이나 하고 싶은 일을 그냥 시작하는 대신 딱 적당한 때를 기다리고, 실제로 일어날 확률이 희박한 일을 가지고 밤새 걱정하며, 매사에 자신을 몰아붙인다. 이 중에 몇 퍼센트나 내 머릿속 도마뱀 녀석의 짓일까. 어쩌면 거의 다 그 녀석이 부리는 수작이 아닐까.

그걸 알든 모르든 이렇게 사는 게 너무나 힘들어서, 내가 또 도마뱀 녀석에게 속아 넘어갔음을 깨닫는 순간 곧바로 적용할 조언이 절실하다. 예를 들면 끝나지 않는 탁구 경기에서 공을 받아치지 말라는 것. 부정적인 생각의 고리를 끊어내는 팁이다. 어른인 내가 내 안의 아이인 나를 토닥여주라는 것. 자신에게 자비롭지 못한 내가 실행하기 가장 어려운 조언이다. 그래도 자꾸 시도해봐야 한다.

《내 머릿속 도마뱀 길들이기》만큼 접근이 쉽고 직관적으로 이해되는 지침서를 늘 가까이 두면, 힘겨운 순간마다 자신의 뇌가 사고의 함정에 빠졌음을 알아채고, 그를 잘 달래어 망설임 없이 인생의 다음 단계로 나아갈 수 있으리라 생각한다.

내 머릿속 도마뱀 길들이기

그림 한 장에 담긴 자기 치유 심리학

초판 1쇄 발행 2020년 2월 10일
초판 2쇄 발행 2020년 7월 30일

지은이 단 카츠
옮긴이 허형은

펴낸이 김현태
펴낸곳 책세상
등록 1975. 5. 21. 제1-517호
주소 서울시 마포구 잔다리로 62-1, 3층(04031)
전화 02-704-1250(영업), 02-3273-1334(편집)
팩스 02-719-1258
이메일 editor@chaeksesang.com
광고·제휴 문의 creator@chaeksesang.com
홈페이지 chaeksesang.com
페이스북 /chaeksesang **트위터** @chaeksesang
인스타그램 @chaeksesang **네이버포스트** bkworldpub

ISBN 979-11-5931-451-3 02180

이 도서의 국립중앙도서관 출판예정도서목록(CIP)은 서지정보유통지원시스템 홈페이지
(http://seoji.nl.go.kr)와 국가자료종합목록 구축시스템(http://kolis-net.nl.go.kr)에서
이용하실 수 있습니다.(CIP제어번호: CIP2019049834)